東平彩亜 編著
Saea Tohira

Teaching
Methods of
Science and
Engineering

理工系学生のための教科教育法入門

北大路書房

はじめに

　この本を手に取ってくださったみなさんは，これから教員を目指そうと考えている方や，戦後最大ともいわれる教育改革に伴う教育現場の急激な変化に戸惑いながらも現職教員として活躍されている方だと思う。そんなみなさんに，ぜひここで一度ご自分の学校生活を思い出してみてほしい。様々な思い出にあふれる学校生活において，その大部分を占めていたはずの普段の授業に関する思い出はどのくらいあるだろうか？　学校生活で思い出に残っている出来事を調査すると，年代を問わず上位を占めるのは修学旅行，文化祭・体育祭，クラブ・部活動などである。これらが出揃った後，ようやく普段の授業が出てくるか，出てこないかといったところだろう。　これから教員を目指す，もしくは教員として活躍しているみなさんといえども，学校行事やその準備等で授業がなくなったとき，授業がなくなってがっかりしたことはほとんどないだろう。

　もちろん生徒にとって学校生活における授業の位置づけなんてその程度だということを主張したいわけではない。むしろ逆である。生徒はつまらない授業に文句を言うことはあっても，楽しい授業に感動することはなかなかない。これはこれまで学校教育を支えてこられた先生方がいかにわかりやすい授業を当たり前としてきたか，人知れず地道な努力を生徒のために，ひたすら続けてこられたかを表しているとも考えられる。生徒指導提要（平成 22 年 3 月作成）にも「児童生徒にとって，学校生活の中心は授業です。児童生徒一人一人に楽しくわかる授業を実感させることは教員に課せられた重要な責務です。」と明記されている。みなさんにとっても生徒が「楽しくわかる授業」を実践しようという思いは身近で当たり前で，実践するための知識や経験の不足は人それぞれ程度の差はあれ実感しながらも，どうしたらよいのかと戸惑うことは少ないだろう。

　他方，この本を手に取ってくださったこれからの教育を担うみなさんの関心事は，21 世紀の社会を生き抜く力を培うために文部科学省から新たに提案された「主体的・対話的で深い学びの実現」ではないだろうか。大学の教職課程においては「各教科の指導法」がこれまで「教職に関する科目」の 1 つとして捉えられていたが，「教科及び教科の指導法に関する科目」として括られるようになり，教科に関する専門的事項との連携の強化がより一層図られるようになった。しかし，このような科目の位置づけの変更はありつつも「各教科の指導法」として具体的にどのような授業を展開するかはまだ模索段階にあるといっても過言ではないだろう。学校現場でも「アクティブ・ラーニング」「ICT 活用」といった聞き慣れない言葉に圧倒され，これまで自分たち

が経験したこともないような新しい授業を展開しなければいけないといった危機感を抱かれている先生から，逆に教育改革の趣旨を大きく捉えすぎて従来と変わらないと過小評価しすぎて，これまでのやり方を変えるつもりのない先生まで，様々な受け止め方がなされ，多少なりともまだ混乱が続いている。

　本書は平成29・30年改訂の新学習指導要領をふまえ，第1章で教科教育とは何か，教科教育のこれまでとこれからについて概観し，第2章では，これからの教科教育を実践するにあたって必要な心構えや知識などが簡単にまとめられている。これらをふまえ第3章から第7章では理科，数学，情報，工業，商業について，それぞれの教科でこれから何が求められるのかが，実際に授業を計画する際に役立つヒントとともにわかりやすく簡潔にまとめられている。最終章は，教員志望の学生が教育実習生として教科教育だけではない学校現場に向かうにあたって，より多くの気づきを得るためのアドバイスになっている。これからの学びを考える上で特に重要なテーマについては，さらに理解を進めてもらえるようにコラムも準備している。

　これからの教育を担うみなさんが，本書をきっかけとしてそれぞれ自分なりに「21世紀の学び」について考え，次々と登場してくるキーワードや概念に振り回されることなく，新学習指導要領に沿った自分らしい授業を見つけ，自信をもって生徒とともに楽しくわかる授業を作り上げていく一助となれば幸甚である。

令和2年3月吉日

編　者

目　次

第3部　教育実習

8章　教育実習に向けて

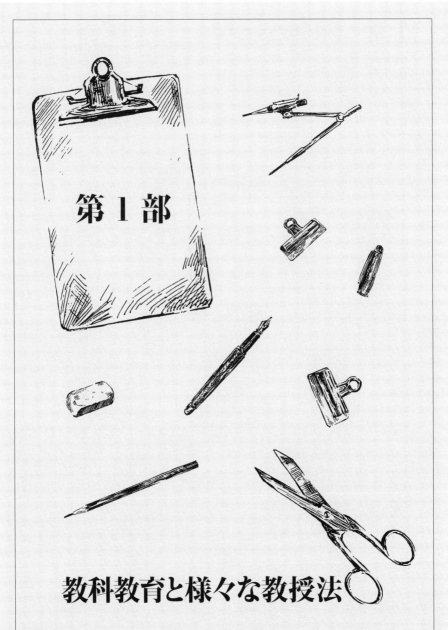

第 1 部

教科教育と様々な教授法

1章 教科教育とは

本章では，各教科の指導法について学ぶ前に，そもそも学校教育における教科教育の位置付けや成り立ちを理解し，今後，教科教育として期待される内容について確認する。

1節 学校教育における教科教育

1. 学校教育とは

　　学校教育は，すべての国民に対して，その一生を通ずる人間形成の基礎として必要なものを共通に修得させるとともに，個人の特性の分化に応じて豊かな個性と社会性の発達を助長する，もっとも組織的・計画的な教育であり，国民教育として普遍的な性格をもち，他の領域では期待できない教育条件と専門的な指導能力を必要とする教育である（中央教育審議会，1971）。

　このような学校教育は学習指導と生徒指導との大きな2つの軸に支えられている。学習指導は学習指導要領に基づく教育課程内の教育活動である。生徒指導は教育課程外の活動も含み，さらに学習態度の確立など学習のあり方と密接に関係している（深谷，2007）。学校教育の中心は学習指導であると考えられがちであった。しかし，時代や社会の変化に伴い教育課程外の活動に重きが置かれるようになるにつれて，学校教育における生徒指導の重要性も増してきた。現在では学習指導と生徒指導は切り離されたものではなく，相互に深く関連するものとして捉えるのが一般的である。

2. 学習指導と生徒指導との関連

　学習指導と生徒指導との関連について，学校教育における生徒指導の指針である生徒指導提要（平成22年3月作成）では，教育課程における生徒指導として以下の5つの側面から詳述されている（文部科学省，2010）。

- **教育課程の共通性と生徒指導の個別性**：教育課程は，多数の生徒を対象として，一定の期間に，一定の資質や能力を育成しようとすることからどうしても共通性が求められる。他方，生徒は1人ひとり異なった個性をもっているとともに，それぞれが置かれた生育条件や環境条件も同じではない。個別性を有する生徒に対

して，共通性をもった教育課程を実現するためには，都度工夫が必要になる。例えば，指導体制であれば，少人数指導やチーム・ティーチング，習熟度別の学級編成による指導や個別の学習計画を与えるプログラム学習などがあげられ，指導方法であれば各自の興味・関心に基づく課題の設定などがあげられる。しかし，これらの工夫が形式的なものにとどまっていたのでは意味がない。例えばコース選択による多様な学習の場を設定しても，個々の生徒の能力，適性，進路などについての見通しがなければ，適切な選択をさせることはできない。また個別指導も個々の生徒についての十分な理解がなければ効果的なものにはならない。このように生徒の個別性に対応しながら，共通の教育課程を実現するための学習指導上の工夫を十分な成果につなげるためには，生徒理解や生徒の自己実現を目指す生徒指導としての関わりも欠かせない。

- **学習指導における生徒指導**：学習指導における生徒指導には2つの側面がある。1つは各教科等における学習活動が成立するために，1人ひとりの生徒が落ち着いた雰囲気のもと，学習に取り組めるようにするための基本的な学習態度のあり方等についての指導である。もう1つは各教科等の学習において，1人ひとりの生徒が，そのねらいの達成に向けて意欲的に学習に取り組めるようにするための，1人ひとりを生かした創意工夫ある指導である。言い換えると，前者は学習場面への適応をいかに図るか，後者は意欲的な学習をいかに促し，本来の各教科等のねらいの達成や進路の保障につなげるかについての指導といえる。これまでは授業崩壊や不登校，いじめ等への対応が世間を騒がせていたように，前者が注目されることが多かった。しかし今後は1人ひとりの生徒にとって「わかる授業」の成立や，1人ひとりの生徒を生かした意欲的な学習の成立に向けた創意工夫ある学習指導に重きが置かれ，後者が一層必要性を増してくる。具体的には，例えば1人ひとりの生徒のよさや興味・関心を生かした指導や，生徒が互いの考えを交流し，互いのよさを学び合うように工夫した指導，1人ひとりの生徒が主体的に学ぶことができるよう課題の設定や学び方について自ら選択する場を工夫した指導など，様々な工夫が考えられる。これらは生徒指導が留意すべき3つの視点，すなわち，①生徒に自己存在感を与えること，②共感的な人間関係を育成すること，③自己決定の場を与え自己の可能性の開発を援助すること，これらを参照したものである。

- **学習上の不適応と生徒指導**：学習上の不適応も大きく分けると2つある。1つは学習面で理解の早い生徒が，学習が平易すぎて退屈を覚えるケースである。もう1つは十分能力を発揮できない生徒が学習進度についていけないケースである。このような生徒を救うためには，「わかる授業」の推進や生徒の関心意欲を引き

3

出し主体的に学べるよう指導上の工夫をするなど教育課程実施上の改善措置を図ることが欠かせない。1 人ひとりの事情に即した指導方針を打ち出して，適切な指導を行うことが求められる。適切な指導としては，①特定の教科についての遅進を補うための本来の意味の補習やその指導について配慮すること，②生徒どうしで学習を助け合うグループ活動を援助すること，③当該生徒にとって比較的得意とする方面を伸ばすような方法を講ずること，④生徒の置かれた生活上の問題状況を改善するために，保護者と相談・協力するとともに，必要に応じて相談機関や青少年保護育成関係の諸機関と連携し協力を得ること，⑤不適応の原因が病気その他心身の問題による場合は，関係方面の専門機関と連携し，治療及び相談が行えるようにすることなどがあげられる。これらの指導そのものは生徒指導と直結しないが，これらの指導の中から適切な指導を選び実施する上で，生徒指導としての関わりが欠かせない。

- **豊かな人間性の育成及び教育課程外における生徒指導**：現在，その育成が求められている自ら学び自ら考え，主体的に判断し行動していく力や，豊かな人間性，たくましく生きるための健康と体力などは，各教科だけ，あるいは各教科の内容を単に知識として学ぶだけでなく，各教科以外の道徳，外国語活動，総合的な学習の時間及び特別活動などによる指導を通して，はじめて育むことが可能になる。これらの活動はいずれも生徒の自主性や自発性を尊重しながら展開されるため，生徒の積極的な参加を促すためにも深い生徒理解と相互の信頼関係を前提とした生徒指導の充実が不可欠となる。

- **教育課程と生徒指導との相互作用**：すでに述べてきたように，生徒指導は教育課程だけでは足りないところを補う役割をもつとともに，教育課程の実施を助けることにも貢献している。例えば，学校における教育活動の中で，教育課程外における指導や教育課程内における学習指導を支える生徒指導の機能が働くことにより，生徒の学校における学習や生活態度が安定し，教育課程を円滑に実施することが可能となる。逆に教育課程が充実すること，例えば教科における指導の充実によって，生徒の中に基礎的・基本的な学習内容及び資質や能力が定着し，適正な進路を選択することが可能となり，自己実現に近づくことができる。あるいは，道徳における指導の充実によって，自らの人生をよりよく生きていくための人間としての生き方についての考えを深めたり，特別活動の指導の充実によって，よりよい人間関係を築く態度を形成し，人間としての生き方についての自覚を深め，自己のよさを社会の中で生かしていくことを学んだりすることで，本来の生徒指導のねらいの達成につながる。このように教育課程の内容が生徒指導に直接または間接に貢献することもある。

学習指導が十分機能するためには生徒指導が欠かせない。生徒指導を充実させるためには学習指導が十分機能している必要もある。どちらが欠けても，またどちらに偏っても，学校教育が効果的に行えなくなる。個の違いを尊重し，生かす方向に教育目標が変化していく限り，生徒指導の果たす役割は大きくなる。そして，この傾向は今後ますます加速していくことであろう。例えば新学習指導要領（平成30年3月告示）において，教育機能としての生徒指導は，教育課程の特定の領域における指導ではなく，教育課程の全領域において行わなければならないものであると記載されている。

3. 教科教育の歴史

学校教育の中心が教育課程内の教育活動であり，教育課程内の教育活動の中心は教科教育である。現在，このことに異論を唱える人はいないだろう。それでは，学校教育における教科はいつ，どのように成立し，またどのように発展してきたのだろうか。多くの人は学校教育における教科の区分や編成を生得的，固定的に捉える傾向にある。

深沢（2015）によれば，現代の学校教育制度はヨーロッパで確立したといわれている。中世のヨーロッパにおいて，各地の都市が発達した13世紀頃から大学が設立されるようになった。当時の大学教育は支配階級の子女を対象にしたもので，学問といえばラテン語による古典的な書物を読むことであった。その後，18世紀後半から19世紀前半にかけてヨーロッパ各国に広がった産業革命は，近代学校教育の発展に大きな役割を果たすこととなる。社会構造が根本的に変化し，社会を構成していた貴族・支配者階級と農業者階級という2つの階層に加えて，工業化社会を基盤とする労働者階級が爆発的に増加し，都市へと人口が集中した。その結果，工場労働者にも読み書きと，材料・製品に関する様々な知識が必要となり，職に就こうとする青少年に，職業についての専門知識や技術を学ばせる場所として学校を設立する必要が生まれてきた。こうして，読み書き計算（3R's）や，職業に関連した分野について教科として指導する中等学校が成立した。さらに，その時代に起こったフランス革命によって，教育の機会均等を求める動きから近代的な市民社会が確立し，近代的な学校制度，そして学校における教育内容を選択・配列した教科の基礎ができあがった。

このように教科の成立は，まず将来の国家・社会の指導者のためのエリート養成，3R'sなどのように生活に不可欠な基礎的教育，そして近代的な国家・社会の維持・発展を支える実用的な職業教育という3つの実際的な立場からの要請によるものであった（寺川，1986）。しかし19世紀にはそれぞれの教科が扱う学問領域の体系的な整理や，教育を通した人間形成という教科教育の機能を達成する体制が整うには至らなかった。いわば「生活の教科化」といえるだろう。その後，それぞれの分野が教科としての区分を確立するには長い時間を要した。

　そして現在，教科教育は学問分野の総合的な知識内容を，発達段階や学習者の理解力に応じて，選択，配列，組織化することを重視し発展を遂げてきた。しかもそれは地域や学校にかかわらず，また教師個人の性格や力量にかかわらず，効果をあげられるものでなければならなかった。これによって必然的に経験則からの脱却を余儀なくされ，常に外国の先進的事例から学んで勃興してきた経緯がある日本においてもこの流れは取り入れられ，1960 年代以降，教科教育を学問化する気運を高め，授業研究（Lesson Study）のような日本独自の研究法を培うことにつながってきた。

　このような流れは，学問分野の情報や知識が固定化し，変化の少ない時代であれば問題がなかった。しかし，学問分野の進展，高度化とともに，学習者集団の多様化が進む中では，教科や教育課程は常に，時には急激に変化する社会に対応していく必要がある。これが 2020 年から始まる教育改革の「新たな教育（課題解決型・双方向授業）への転換」である。例えば，これまで教育課程において伝達すべき内容は既成の知識や情報のみであった。これに対して，これからは知識や情報を批判的に選択・受容し，また積極的に文化を創造したり，知的に問題を解決したりする能力・技能を伝達する内容として重視していかなければならない。これは言い換えると中世以来，「生活の教科化」によって始まった教科の教育が，現在では実生活との結びつきや応用可能性を重視した「教科の生活化」の方向に向かっているともいえる。すべての教科教育実践において，知識集積型から知識活用型へと転換することが求められている。このような変化は当然教師に求められる能力，資質にも変化をもたらすだろう。

2 節　教科教育の果たす役割

1. 教科の見直し

　もともと実際的な立場からの要請によって作り上げられてきた教科だが，現在，日本においては，教育基本法や学校教育法に示されている教育の目的・目標，義務教育の目標のもと，育成すべき知識・理解や技能，あるいは態度や能力を具現化する形で，10 年ごとに改訂される学習指導要領の教科や領域が設定されている。

　教科の捉え方は多様であるが（寺崎，2001），教科はその時代・社会の学問・芸術・生活などの文化領域に対応して，その文化領域に関する知識・技能・活動などを内容とした教育課程の区分である。そのため，10 年ごとの改訂では，現代の教育課題の解決を図るには教科をより一層細かく分科したほうがよいのか，あるいは逆に教科をより一層統合・総合化したほうがよいのかという問題に直面する。すなわち現代の教育課題への対応が，現在の教科編成を変更したり，新しい教科を設けたりするなど，教科が存在している基盤そのものを問い直す契機となるということである。例えば，

高等学校の学習指導要領（平成 30 年 3 月告示）では，教科として数学や理科はこれまで通り残したまま，理数（理数探究基礎・理数探究）が新設された。これは卒業後に，大学・大学院に進学し，主として数学や理科の分野に向けた学習を継続する意思を有する生徒を主な対象として，様々な事象に対して知的好奇心をもつとともに，教科・科目の枠にとらわれない多角的，複合的な視点で事象を捉え，科学的な見方・考え方や数学的な見方・考え方を豊かな発想で活用したり，組み合わせたりしながら，探究的な学習を行うことを通じて新たな価値の創造に向けて粘り強く挑戦する力の基礎を培う教科である。「我が国が，科学技術・学術研究の先進国として，将来にわたり存在感を発揮するとともに成果を広く共有していくためには，子供たちが，卓越した研究や技術革新，技術経営などを担うキャリアに関心を持つことができるよう，理数科目等に関する学習への関心を高め，裾野を広げていくことも重要である」（文部科学省，2015）という見方に対応している。

　このように，1 つの教科だけで現代の教育課題に応えきることは難しい。1 つの教科は現実のすべてではなく，現実の特定の側面，教科の内容に関連した固有の側面に関わっているにすぎない。角屋・雲財（2015）のまとめによれば，例えば数学は事象の数量・図形に着目する捉え方を学び，数量・図形に着目して捉える力の獲得を目指す。その際，人間に内在する数量や形の認識を育てる。理科であれば自然事象を対象とし，働きかける方法とその結果としての知的体系の獲得が目指され，自己決定，自己責任，他者の実験結果との関わりによる自己の見つめ直し，仮説や実験方法の変更に伴う謙虚さ，考え方の柔軟性を育てる。これら 1 つひとつの教科を体系的に組み合わせ，効率的に教育目標の達成を図るために欠かせないのが教育課程である。

2．教育課程の見直し

　新学習指導要領（平成 30 年 3 月告示）の特徴の 1 つとして，学校が置かれた状況に応じた各学校における教育課程の見直しや教育課程に基づく教育活動の質の向上について明記されていることがあげられる。これから各学校においては，教科等の目標や内容を見通し，特に学習の基盤となる資質・能力（言語能力，情報活用能力（情報モラルを含む），問題発見・解決能力等）や現代的な諸課題に対応して求められる資質・能力の育成のために教科等横断的な学習を充実することや，主体的・対話的で深い学びの実現に向けた授業改善を単元や題材など内容や時間のまとまりを見通して行うことが求められる。これらの取り組みの実現のためには，学校全体として，生徒や学校，地域の実態を適切に把握し，教育内容や時間の配分，必要な人的・物的体制の確保，教育課程の実施状況に基づく改善などを通して，教育活動の質を向上させ，学習の効果の最大化を図るべく常に教育課程の見直しをしていく必要がある。新学習指導要領

（平成 30 年 3 月告示）では，「学習指導要領は，公の性質を有する学校における教育水準を全国的に確保することを目的に，教育課程の基準を大綱的に定めるものであり，それぞれの学校は，学習指導要領を踏まえ，各学校の特色を生かして創意工夫を重ね，長年にわたり積み重ねられてきた教育実践や学術研究の蓄積を生かしながら，生徒や地域の現状や課題を捉え，家庭や地域社会と協力して，教育活動のさらなる充実を図っていくことが重要である」と記載されている。

3. 教育課程への新しい視点——生徒の発達の支援

　新学習指導要領のもう 1 つの特徴として，生徒の発達を支える指導の充実及び特別な配慮を必要とする生徒への指導について，新たに規定されたことについても触れておきたい。生徒の発達を支える指導の充実については，以下の 6 つの側面から詳述されている（文部科学省，2018）。

- **ホームルーム経営，生徒の発達の支援**：学習や生活の基盤として，教師と生徒との信頼関係及び生徒相互のよりよい人間関係を育てるため，日頃からホームルーム経営の充実を図ること。また，主に集団の場面で必要な指導や援助を行うガイダンスと，個々の生徒の多様な実態を踏まえ，一人一人が抱える課題に個別に対応した指導を行うカウンセリングの双方により，生徒の発達を支援すること。
- **生徒指導の充実**：生徒が，自己の存在感を実感しながら，よりよい人間関係を形成し，有意義で充実した学校生活を送る中で，現在及び将来における自己実現を図っていくことができるよう，生徒理解を深め，学習指導と関連付けながら，生徒指導の充実を図ること。
- **キャリア教育の充実**：生徒が，学ぶことと自己の将来とのつながりを見通しながら，社会的・職業的自立に向けて必要な基盤となる資質・能力を身に付けていくことができるよう，特別活動を要としつつ各教科・科目等の特質に応じて，キャリア教育の充実を図ること。その中で，生徒が自己の在り方生き方を考え主体的に進路を選択することができるよう，学校の教育活動全体を通じ，組織的かつ計画的な進路指導を行うこと。
- **生徒の特性等の伸長と学校やホームルームでの生活への適応，現在及び将来の生き方を考え行動する態度や能力の育成**：学校の教育活動全体を通じて，個々の生徒の特性等の的確な把握に努め，その伸長を図ること。また，生徒が適切な各教科・科目や類型を選択し学校やホームルームでの生活によりよく適応するとともに，現在及び将来の生き方を考え行動する態度や能力を育成することができるようにすること。

- **指導方法や指導体制の工夫改善など個に応じた指導の充実**：生徒が，基礎的・基本的な知識及び技能の習得も含め，学習内容を確実に身に付けることができるよう，生徒や学校の実態に応じ，個別学習やグループ別学習，繰り返し学習，学習内容の習熟の程度に応じた学習，生徒の興味・関心等に応じた課題学習，補充的な学習や発展的な学習などの学習活動を取り入れることや，教師間の協力による指導体制を確保することなど，指導方法や指導体制の工夫改善により，個に応じた指導の充実を図ること。その際，情報手段や教材・教具の活用を図ること。
- **学習の遅れがちな生徒の指導における配慮事項**：学習の遅れがちな生徒などについては，各教科・科目等の選択，その内容の取扱いなどについて必要な配慮を行い，生徒の実態に応じ，例えば義務教育段階の学習内容の確実な定着を図るための指導を適宜取り入れるなど，指導内容や指導方法を工夫すること。

特別な配慮を必要とする生徒への指導については，以下の3つの側面から詳述されている（文部科学省，2018）。

- **障害のある生徒などへの指導**：障害のある生徒などについては，特別支援学校等の助言又は援助を活用しつつ，個々の生徒の障害の状態等に応じた指導内容や指導方法の工夫を組織的かつ計画的に行うものとする。
- **海外から帰国した生徒や外国人の生徒の指導**：海外から帰国した生徒などについては，学校生活への適応を図るとともに，外国における生活経験を生かすなどの適切な指導を行うものとする。日本語の習得に困難のある生徒については，個々の生徒の実態に応じた指導内容や指導方法の工夫を組織的かつ計画的に行うものとする。
- **不登校生徒への配慮**：不登校生徒については，保護者や関係機関と連携を図り，心理や福祉の専門家の助言又は援助を得ながら，社会的自立を目指す観点から，個々の生徒の実態に応じた情報の提供その他の必要な支援を行うものとする。相当の期間高等学校を欠席し引き続き欠席すると認められる生徒等を対象として，文部科学大臣が認める特別の教育課程を編成する場合には，生徒の実態に配慮した教育課程を編成するとともに，個別学習やグループ別学習など指導方法や指導体制の工夫改善に努めるものとする。

これまでも学校やクラスの運営，授業はそのクラスで学ぶ1人ひとりの多様な状態を把握し，それらを踏まえて計画され，実施され，評価される「個に応じた指導」が求められてきた。この傾向は今後もますます強まっていくだろう。さらに，通常学級

の授業に特別支援教育をどのように盛り込んでいくのか，これは各教科等の指導のすべてに関わっており，そのような配慮がいかにできるかが今後授業において重要な点になってくる。

3節　最後に

　これまで見てきたように今後，「個に応じた教育」を1つのキーワードに，学校教育が本質的に有する共通性との矛盾を抱えながら，学校における教科教育への期待はますます膨らみ，教科教育を担う教員はその矛盾を克服し期待に応えるべく，これまで以上に視野を広くもち，様々なことに関心を向け，日々精進し続けていくことが求められるようになる。もちろん，これまでも教科教育として生徒に教えるべき内容は毎年更新されており，教員1人ひとりのたゆまぬ努力で社会や生徒の変化に応じて，教え方も工夫されてきた。しかし，2020年の教育改革をきっかけに，例えば，新しい教材，新しい指導法といったこれまで以上の大きな変化が，現場やこれからの学校教育を担う若者を少なからず動揺させているのが現状である。

　ここで改めて確認したいのは，多くの人にとって「教科教育＝授業」ではないだろうか。この点に関して，野口（2009）は「授業」と「指導」と「教育」の違いについて以下のように述べている。「授業」とは文字通り業を授けること，すなわち知識と経験のあるものが，未熟な相手に対して自分のもつ知恵を授け，学力を形成していくこと。「指導」とは目指すべき方向を指し，そこへ導くこと。「教育」は教え，育てること。個々の技術や知識にとどまらず，人間をトータルにとらえ，その人格の完成を目指す働きかけが教育である。今後の教科教育を考えていく上で，これらの区別は今まで以上に重要になっていくだろうと考えられる。例えば，授業は学力の形成を目的に行われる指導であり，授業という枠組みの中では，原則，教科ごとに教えるべき内容が明確にあり，「教える者」と「教わる者」という上下関係が存在している。教科教育として，個々の特性や自主性を伸長させるために，この上下関係を意図的に見えにくくし，自由に発言する場や，互いに考えを共有する機会を設けたとしても，「教える者」として教員はその活動がどこに向かっていくのかを明確な根拠とともに明らかにしておく必要がある。「どの意見もそれぞれいいね」という曖昧なままで終わらせてしまわれがちではあるが，その場合は授業のポイントがズレてしまう。様々な教授法が提案されても授業の本質は変わらない。教育の本質もまた然りである。受験を終え，卒業，就職し，長い人生を送る中で最後まで学校教育の成果として残るものは，個別の知識や技術ではなく，自分が努力した手応えであり，また自分を動かしてくれた人の生きざまである（野口，2009）。教師1人ひとりがこれまでと同様，もしくは

これまで以上に生徒1人ひとりの個性を大切に，それぞれの将来を豊かに過ごしていけるよう働きかける姿勢こそ，これからの教育に求められている本質的な部分である。これからの教育を支えるみなさんには，見た目のインパクト等に惑わされ，本質的な部分を見失うことなく，時代に合った教育を意図した学習指導要領のもと，積極的に新しいものを取り入れ，個々の生徒に合った教育を展開していってもらうことを期待している。

I. 合理的配慮って何？

　障害者が他の者との平等を基礎として全ての人権及び基本的自由を享有し，又は行使することを確保するための必要かつ適当な変更及び調整であって，特定の場合において必要とされるものである（障害者権利条約第 2 条）。

基本的には？

　障害のある人もない人も同じように日常生活や社会生活を営めるような人的サービスや社会的インフラや権利の付与などの待遇や機会が与えられるといいね。

　そうだね。学びたいという気持ちを十分満足できるようになれるといいね。自尊心や，満足感を満たせるような場や時間があるといいね。仲間や先生と一緒に楽しくなれることを願っています。

学校では？

　バリアフリーの施設を自由に移動したり，教室で思うような教授が受けられ，いじめや悩みのない健全な学校生活が営めるといいね。

　そうだね。教室の席が前のほうなら先生の声もよく聞き取れるし，黒板もよく見えるよ。トイレもバリアフリーだしウォシュレットもあるよ。学校のホームページに書き込み欄があって，みんなで意見を出し合っているよ。

授業では？

　点字，手話，デジタル教材などコミュニケーション手段が確保されていて，1 人ひとりの状況に応じた教材や介助，学習面を支援してくれる人材の配置もあるといいね。

　そうだね。難しい内容のときは，板書をはじめからプリントにして渡してくれます。それにはルビもふってありますよ。小・中学校には補助の先生もいて授業中アドバイスしてくれたよ。意見を言うときもじっくり待ってくれたり，褒めてくれたりしてうれしくなります。探求型の授業を取り入れてみんなで一緒に考えたり，作ったりできるといいね。

デジタル？

拡大読書器や十分な光源のある，明るい環境で，さらには補聴環境も整っているといいな。スピーチについても発音が明瞭になる機器もほしいな。

そうだね。時々拡大器で写真や図を詳細まで見せてくれるから大丈夫。それに実声でリアルな音読が聞けたり，英語のネイティブの発音もすごく勉強になるよ。

授業内容は？

漢字の読みなど補完的な対応や難解な事例にも指導，助言してもらえる専門家のアドバイスがあるといいな。板書，メモ等による情報掲示もほしいな。そして，学習だけでなく，生活能力や職業能力を育むための生活訓練や日常生活用具，作業室など自由に使える場もあるといいね。

そうだね。授業が難しかったりわからないときは昼放課や授業後に教科の先生が個別に教えてくれたり，職員室ではだれか他の先生に気軽に話せるから，授業内容も何とか理解できるよ。宿題は個別に自分に合ったレベルで出してくれるし，家でも無理なく勉強ができるよ。

身体的な面は？

医療的ケアの必要なときは保健室や個部屋の確保，さらには医療的支援体制の整備が進んでいて，時には車いすやストレッチャーも利用できるといいね。

そうだね。ケガをしたときはエレベーターが使えたり，保健室は清潔で安心して休めるし，自習室や相談室は落ち着ける雰囲気があるから好きだよ。

精神面は？

相談室での心のアドバイザーや情緒の安定のための相談相手がいるとうれしいな。対人関係の苦手な人には静かな安堵する環境があるともっといいね。

そうだね。学期に1回くらい担任の先生や好きな先生と個別に話す相談週間があり，スクールカウンセラーの先生と会う機会があれば大丈夫だよ。話すことで気が休まるし，自分を素直に振り返るから気持ちが楽になるよ。

発達障害をもっている人には？

個別指導のためのパソコンやデジタル教材がいつも使えたり，クールダウンするための小部屋が確保できるといいね。そして，発達障害を理解してくれる先生やスタッフがいて無理のない環境で思いっきり学習できるとうれしい。

そうだね。こだわりの強い人の行動をみんなで助けたり，パニックになった友達を疎外せずにじっくり見守ってあげる環境を作ったり，一緒に学び合える時間を過ごせることが大切だね。

まとめてみると

こんな素晴らしい環境がいつも身近にあり，その情報がすぐに手に入るといいね。学校が楽しくなり，友達ともコミュニケーションが十分にとれるようになる。だから，合理的配慮とは単に平等ではなくて1人ひとりが同じように公平に活動して，それぞれの個性が十分に発揮され，成長とともにさらに心身の育みと人格の創造が進み社会的に一段と認められる望ましい人物となるような機会環境であることが必要だね。

そうだね。友達とは昼食時や授業後にゆっくり話せる時間もあるし，学級活動の自由な時間もあってみんなで語り合えるから学校が好きになったよ。学びと教えのニーズに答えて，自分を客観的に再発見したい。それに，人生のライフコースを充実できることが望みだね。福祉の立場では以前からノーマライゼーションが浸透しているし，今は大丈夫だね。

　合理的配慮は他者からの配慮と，自らの行動を活用することで成果が認められるのではないでしょうか。合理的配慮は他者が決めるものではなく自身が感じるものです。エンパワーメントの視点から差別や偏見の原因となっている恥の概念から自らを解放し，自尊心を高めていくことが必要でしょう。学習文化活動の機会を公的に合理的配慮することは，文化的な生存権としての学習権の保障の視点から，憲法第26条　教育を受ける権利が子どもから大人まで，すべての人に保障されるべきことに帰結すると考えます。

2章　様々な教授法

1節　様々な教授法について

1. これからの教育に求められるもの

　現在の日本の高等教育は，標準的な知識を効率的に教授するという点では世界で
トップクラスである。2015 年に実施された PISA（OECD 生徒の学習到達度調査）
では，「数学的リテラシー」「科学的リテラシー」の項目で 1 位を獲得している。

　しかし，いくら 15 歳時点での能力が高くても，グローバルに通用するクリエイティ
ビティと多様性を備えた人材を輩出できている状況だとは到底いえない。

　日本の教育改革のための重要な指針は，教育の目的を「標準化」から「多様化」に
シフトさせることである。

　これからの教育に求められるのは，どのような学び方であろうか。1 つは，「リカ
レント教育」である。社会人の学び直しと，キャリアの促進・転換を促すための教育
である。もう 1 つは「課題探究型教育」である。過去に事例のない問題を自ら設定し，
その解決を考えていくようなスタイルである。

　今の学校教育は，学習すべき内容が一方的に与えられ，それに疑問を抱くことなく
勉強することがよしとされている。しかし，将来的に多様な人材を育てていくために
は，こうしたやり方を少しずつ転換していかなければならない。

　生き方のキャリアプランはより多様なものになっていく傾向にあり，その中で，「自
ら問題を設定し，その解決を考えていく」という方向への教育改革が求められている。

　各々が，評価基準を自分で作り，画一的な価値観にとらわれずに追い求めていける
ように，多様性のある教育を進めていく必要がある。

　以下，高校教育の「これまで」そして「これから」を比較しながら整理し，「何を」
「どのように」にまで踏み込んだ教授法の姿を明らかにする。

2. 実社会・実生活で通用する汎用的な能力

　まず表 2-1 に大学教育が求める汎用的な能力を示す。

　日本の高校で論理的思考力が重視されるようになって久しいが，21 世期型スキル
に見られるように，欧米では特に「批判的思考力」「創造的思考力」「他者との協働性」
「チーム力」を重視している。

　新学習指導要領においても同様で，もし「主体的・対話的で深い学び」を学校教育

表 2-1　**大学教育が求める汎用的な能力**（樋口・三代，2009）

- ICT ／基本的な ICT 操作スキル，情報処理スキル
- 日本語能力，日本語のライティング・スキル
- 日本語のプレゼンテーション，文章読解力
- 数量的・統計的スキル
- 調査・研究スキル
- 英語能力，英語の文章読解力，英語のライティング・スキル
- 英語のプレゼンテーション，英語の討議力
- メディア・リテラシー，批判的思考力
- 多様性の理解
- 問題解決力
- リーダーシップ力，チームワーク力，討議力，自己管理力
- 創造的思考力
- 継続的な学習力
- 倫理観，市民としての社会的責任

という限定された範囲で捉えてしまうと，今回の学習指導要領が求める「先行きの見えない社会を生き抜く汎用的な能力」の育成から遠ざかってしまう。

　変化の激しい実社会を生きるしなやかさ，人生を豊かに送るための視野の広さ，人のつながりを作る力は，今後ますますその重要性を増していく。

　すなわち，高校授業を通じて育成する資質・能力が，いかに実社会を生き抜く汎用的な能力に結びついていくか，そうした観点からの授業改善が求められる。

3.　学びのパラダイムシフト

　これまでの授業，つまり旧来の学びでは，知識を定着させるため，授業者の効率的な説明を中心にして授業を行い，教科書の内容のできるだけすべてを計画的に消化することが重視されていた。しかしながら，これからの授業である新しい学びは，毎時間の授業ごとではなく，学習の連続性や関連性を重視し，単元としての授業デザイン（単元デザイン）を工夫していく必要がある。

　また，「導入→展開→まとめ」という流れで教授内容を構成し，単元内での学習の継続性や連続性よりも 1 単位時間ごとの完結性が重視されていたが，単元のゴールが明確であり，ゴールは授業者だけではなく，学習者にも共有されていかなければならない。

　さらに，授業の発問は授業者側の立場によって授業展開を効果的に促すためのものにとどまっており，学習者は授業者の期待する答えを推察して答えていたが，これからは良質な問いの解決を図ることが学習の中心に置かれている。

　学習者が自ら問いに向き合い，思考を深める十分な時間が確保されなければならな

表 2-2　9つのリテラシーを育成する言語能力（稲井，2019）

読解力	様々なテキストの情報を的確に読み取ったり情報どうしを関連付けたりする力
デジタル読解力	デジタル読解力：ウェブサイトや動画などのデジタル・テキストの情報を的確に読み取る力
分析力	対象を客観的に解釈し，数量的・質的に分析する力
批判的思考力	情報を鵜呑みにせず，多様な観点から批判したり批評したりする力
論理的思考力	根拠を明確にした上で，筋道を立てて考えを構成し，組み立てる力
コミュニケーション力	相手や場面を意識し，対話的に意見や考えをやりとりし，目的を達成する力
説明力・プレゼンテーション力	目的に応じて情報を整理し，分かりやすく説明する力
創造的思考力	対象をイメージし，アイディアを形のあるものに創りあげていく思考力
鑑賞力	対象を的確に把握し，鑑賞の観点を見つけて，深く捉える力

いし，思考の外化（いわゆる「見える化」）を行い，学習者相互に思考したことを言語化したり図表化したりするなど，共有するために工夫が図られていなければならない。

　学習前（事前），学習中（事中），学習後（事後）の適切な場面で，自己評価や相互評価が導入され，学習者が自己の学びの変容を自ら認識できるように工夫し，メタ認知の育成が今後図られていく必要がある。

4. 言語能力

　各教科において言語能力を軸とした授業改善を確かなものとするために，9つのリテラシーを育成する言語能力に整理する（表 2-2）。これら9つのリテラシーを確実に身に付けさせていくためには，授業の中で焦点を当てて指導することが大切である。なお，個々のリテラシーを育成する言語能力は，それぞれ独立したものではなく，学習場面によっては相互に関連し合う特徴をもっている。

5. 学習プロセス

　前述の9つの力は，学習プロセスの質的改善を促す思考・判断・表現を通して，徐々に深められていく。この学習プロセスは，それぞれインプット（静的学習），インテーク（動的学習），アウトプット（外的学習）と段階ごとに分けられた機能がある（図 2-1）。

インプット　情報の受容（静的学習）
- 学習課題の理解を図る。
- 教科固有の学習活動を通して，情報を受容するとともに整理を行うなど内的に言語化する活動を行い，情報の意味内容や文脈を的確に捉える。

↓

インテーク　思考の深化（動的学習）
- インプットしたことを分析したり批判的に捉えたりするなど外的に言語化する学習活動を通して，思考の深化を図る。必要に応じて対話的な学習を行い，学習者相互で共有する。

↓

アウトプット　思考の外化（外的学習）
- 思考を深めたことを教科固有の表現方法で効果的に表現・表出するとともに，外的に言語化する活動を通して，学習内容の定着を図る。

図 2-1　学習プロセスの機能

　「インプット」では内的な言語活動が中心となり，個人でじっくり考える学習でなければならない。思考を十分に働かせ，深められるようにするための静的学習である。「インプット」したことを深化させるためには，分析したり批判的に捉えたりする外的活動を必要とする。すなわち，思考をより深めるための学習プロセスである。このプロセスを経ることによって，思考を前に動かしていくという意味で動的学習の「インテーク」になる。「インテーク」では，言語化したことを他者との対話的な学習によって協働的に行う学習，個人で主体的に進めていく学習双方において，思考が動的に働くことを必要としている。この学習プロセスにおける思考の深化が十分でないと，「深い学び」につながっていかない。「アウトプット」は，深めた思考を他者に見えるようにするプロセスである。表出・表現することは，言語化されることではじめて他者に伝わるアウトプットとなる。すなわち，体験と言語が結びついたときに，言語能力はよりいっそう高まり，深い学びが生まれる。

6. 授業改善の工夫

　授業改善を行う際に，次の 3 つのポイントを軸とすることを提案する。

① 1 単位時間ごとの完結性よりも単元という発想に立ち，学習の連続性・継続性を重視した授業づくりを行うこと
② 教科固有の指導事項を定着させるため，学習プロセスを重視し，言語能力の育成に関連付け，質の高い言語活動に取り組むこと

③定期試験の一部に，授業内容に関連した記述問題を導入し，評価を工夫すること

①の工夫は，単元という考え方に転換するということにほかならない。学習は継続的に次の時間に引き継がれ，学習者には学習の連続性を意識させることが，今後よりいっそう大切になる。

②の工夫は，「インプット→インテーク→アウトプット」の学習プロセスを踏むということである。これは言語化のプロセスを重視するということである。

③の工夫は，定期テストに良質な記述問題を盛り込み，新しい学びの実態にふさわしいテスト問題にすることである。知識再生型では意味をなさない。シンプルな評価基準を作り，授業で取り上げた内容・題材と同じ素材ではなく，他の素材を選ぶことが大切である。

7．AI 社会について

AI 社会はトップダウンからボトムアップへ，リーダーシップからフォロワーシップへ，価値観や方法論の転換を図ることが求められる社会である。学校に即していえば，従来型の校務分掌組織ではなく，若手の教師を中心にしたプロジェクト・チーム型の改革が成果をあげる。AI は個人を認識できる。そのような社会では，人間しかできないことに目を向ける必要がある。そのためには，他者との対話を大切にし，互いのよさを認め合いながらチームで課題を解決していける資質・能力が必須となる。それが AI 社会における機械との共存を実現するだろう。

8．21世紀型スキル

新しい学習指導要領は，次の教育の実現を求めている。

- 実社会・実生活で生きて働く資質・能力の育成
- 主体的・対話的で深い学びの過程の実現
- 探究的な学習の充実
- カリキュラム・マネジメント
- 社会的に開かれた教育課程の実現

この背景には，欧米の 21 世紀型スキルがある（表 2-3）。

9．アクティブ・ラーニング

アクティブ・ラーニングというと，話し合いやグループ活動をイメージしがちであ

表 2-3　欧米の 21 世紀型スキル（稲井，2019）

「思考の技法」
- 創造性とイノベーション
- 批判的思考，問題解決，意思決定
- 学び方の学習，メタ認知

「働く方法，他者とともに働くスキル」
- コミュニケーション
- コラボレーション（チームワーク）

「働くためのツール　道具を用いる」
- 情報リテラシー
- ICT リテラシー

「世界の中で生きる　個として社会の一員として市民的責任を担う」
- 地域とグローバル双方においてよき市民であること
- 人生とキャリアの発達
- 個人の責任と社会的責任者

表 2-4　アクティブ・ラーニングの一般的特徴（文部科学省，2015）

- 学習者は，授業を聴く以上の関わりをしていること
- 情報の伝達より学習者のスキルの育成に重きが置かれていること
- 学習者は高次の思考（分析，総合，評価）に関わっていること
- 学習者は活動（読む，議論する，書く）に関与していること
- 学習者が自分自身の態度や価値観を探究することに重きが置かれていること
- 認知プロセスの外化を伴うこと

るが，そうした活動を授業にただ取り入れればよいということではない。大切なことは，学習している学習者の思考が活性化しているかである。

　視点を変えれば，たとえ授業者による講義形式の授業であっても，学習者の精神活動が活発になり，主体的に思考しているのであれば，アクティブ・ラーニングの条件を満たしているといえる。

　しかし，学習者が学習活動を通して学んだことは内面的である。口頭であれ文書であれ，言葉として発せられなければ，その思考のよさ，おもしろさ，精度を見取ることはできない。

　アクティブ・ラーニングの一般的特徴は，表 2-4 のとおりである。

10.　主体的・対話的で深い学び

　学習者の内面的な認知の変容を学習のプロセスとして見える化し，学習者相互に分かるようにする（外化する）ことで，生徒 1 人ひとりの思考が教室内で相互に共有される。そうなってはじめて，個々の思考がよりいっそう活発になったり，1 人で考え

表 2-5　**主体的・対話的で深い学びの実現のためのポイント**（稲井，2019）

- 活動させればよい，調べさせればよいということではない。
- はじめから「学習活動ありき」ではない。
- 言語活動主義に陥らないように努めることが大切である。
- 「教師が教えること」と「学習者が考えること」を明確に意識して授業をデザイン（設計）する。
- 「良質な問い」と「良質な言語活動」が必要である。
- 生徒の疑問から「問い」を導くことから始める。
- 「問い」は学習者が立てられることが理想である。
- 自ら「問い」を立てられるようにするためには，段階的な指導が必要である。
- 教師が待つことも大切である。
- 学習者の気づき，変容を重視する。
- 自己評価，相互評価を取り入れ，気づいたことを言語化する。
- 学習後には「〜ことに気づいた」「〜ことが分かった」と振り返る。

表 2-6　**探究的な学習の段階**（稲井，2019）

第 1 段階	学習の動機付けを図る学習「出会う」
第 2 段階	基礎・基本の知識を習得する学習「知る」
第 3 段階	興味や関心，知識を深める学習「深める」
第 4 段階	問いや課題を絞り込む学習「つかむ」
第 5 段階	情報を取捨選択し，活用する学習「生かす」
第 6 段階	情報を活用し，目的に合わせて加工する学習「選ぶ・まとめる」
第 7 段階	発信する学習「伝える」

るだけでは決して思いつかなかったことがひらめいたりするのである。

　思考の共有化のためには，何が問題なのかを主体的に見極めたり，対話を通して課題を共有したり，文字で書き表して確認したりするプロセスが必要である。

　「主体的・対話的で深い学び」の実現のためには，単元的な発想に立って授業を運営する必要がある。生徒の思考力を伸ばし，学習内容の定着を図ることを第一義に考える。ポイントは表 2-5 のとおりである。

11. 探究的な学習

　探究的な学習のスキルは，スモール・ステップで学ばせるとよい。探究的な学習とは，問いや課題を解決する学習と言い換えることができる。7 つの段階を意識して，単元をデザインするとよい（表 2-6）。

12. AI 時代の評価

　AI 時代の評価をどのようにやっていけばよいか。AI やロボットが我々の生活の中に身近になり，新しい教育が広がるのに伴い，これまでの評価のあり方，考え方もまっ

表 2-7　AI 時代の評価（鈴木，2017）

- 「結果」から「プロセス」の評価へ
- 「再現性のある力」の評価へ
- 部分知から全体知へ
- 数値から「クオリティー」へ
- 知識から「創造的な思考」へ
- 独自性・資質・感性を見いだす
- 思考→判断→行動の一連を評価する

たく新しいものに変わる。

　それは，評価の内容や方法が変わるにとどまるものではなく，これまで無意識にもっていた「評価」に対する意識やイメージが根本的に新しくなるような変化である。

　知識・スキルの教育であれば，正解や雛形があるから，それと照らし合わせて評価することができる。一方，コンピテンシーやビジョン力のような，正解のない創造的な思考はどう評価すればよいかを表 2-7 にまとめた。

13.　ポートフォリオ

　「ポートフォリオ」があることでアクティブな行動をしたことが確認できる。以下は，ポートフォリオの主な特徴である。

- 自分で調べた資料が入っている。
- 資料プリントなどにマーカーやアンダーラインがつけてある。
- 配布した資料の余白などに自分の考えなど手書きのメモが添えてある。
- 新しく知った用語，不明だった事柄について自分で調べたものがある。
- 学校で習った手法を自分のやり方で活用したり応用したりした記録がある。
- 教師以外の関係者や専門家へインタビューした記録が入っている。
- これからの学習計画，必要な情報，メモがある。
- 自らのフィードバック・改善すべきことが書かれている。

　また，ポートフォリオの 8 つの機能を表 2-8 に示す。

14.　雛形のない時代

　雛形のない時代である。1 人の人間として学び続ける自分だけのキャリアカリキュラムを考えていく必要がある。願いを描き，その方向へ向かい，何を学んでいくか，どんな経験がいるか，学びや経験をデザインしていく。学校の教育期間で終えず，継

表 2-8　ポートフォリオの 8 つの機能（鈴木，2017）

意識化

ポートフォリオの最初のページに「ゴールシート」があることで，視点を無意識から意識化することができる。常にビジョンとゴールを明確に意識できるので，課題発見などの知的センサーを研ぎ澄ませることができる。

一元化

ばらばらの情報が時系列に一元化されているので，その全体を俯瞰することができ思考プロセスをたどることができる。

俯瞰

課題解決プロセスを俯瞰できる。俯瞰することで本質からずれていないかを見ることができる。またその奥にある普遍性に気づくことができる。

顕在化

ポートフォリオは自由に工夫でき，資質，才知，暗黙知，潜在知，可能性，感性が健在化できる。数値化できない評価ができ，成長につながる。

価値化

価値とは目に見えない意味あること，大切なことを指す。日々のリフレクションや再構築のフェーズで「大切なことは何なのか」を自問自答してポートフォリオを使うことで，その経験に潜む本質や意味を考えることができる。

行動化

行動してはじめて手に入る生きた知識や情報をポートフォリオへ入れていく。他者に提案する前に自分で行動してみる。ポートフォリオで行動したことを客観的に見ることができる。

フィードバック

ポートフォリオがあることで根拠あるフィードバックができるので，クオリティーの高い成果と成長をかなえる。

ストーリー化

ポートフォリオがあることで，過去，現在，未来を文脈でつなぐストーリーとして見ることができる。情報→思考→判断→行動の一連をストーリーとして俯瞰できる。

続教育として自らが自分のためにどう学び続けるか自己教育プランを立てていく。この考え方が社会に有効なものとして広がるためには，学校や企業など社会における学習機関などで共通の認識が必要となる。AI 時代，様々な学びの手段を生かすことができる。1 人ひとりが自分の願う未来を描き，その実現のために世界で 1 つの自分だけのキャリアカリキュラムを作り，学びや経験を積み重ねる。そうすることで，まだ見ぬ，未来の自分の夢を実現する力強い手段となる。

2節　学習指導案作成と生徒理解

1. 単元計画を組み立てる

　1時間の授業でできることは限られている。一般的には，授業は何時間かの授業をつなぎ合わせた単元から構成されている。学習指導案に基づいて作られた教科書をもとに，1年間のいつに，どの単元をするのかを考えていく。

　生徒の実態や，研究授業であれば提案したいテーマに合わせて時間数を増やして新たな授業場面を作ることもある。

　ひとまとまりの学習に何時間程度かかるのか検討し，見通しをもつことが必要である。

2. 導入・展開・まとめ

　まずは，今日の授業はどんなことをするのか，前回までにどこまで進んだのか，一時間で何をするのかを示す。この部分を授業の「導入」と呼ぶ。

　導入が終われば，いよいよ授業の本題に入る。教科書を読む，図や資料を見せる，質問を投げかける，生徒に説明をさせる，あるいはグループで話し合うなど，様々な活動が考えられる。この，授業の核といえる部分を「展開」と呼ぶ。生徒の学びのステップを積み上げていく場面である。

　終わり方は，その1時間で何を学べたのかを確認する。板書のポイントを再度まとめておくことで頭が整理される。また，次の時間に向けて準備物や復習や宿題の提示をすることも必要である。一般的に授業の終盤の場面を「まとめ」と呼ぶ。

　1時間の授業はこの「導入」「展開」「まとめ」の3段階で捉える。

3. ガニェの9教授事象

　ガニェ（Gagné et al., 2005）は，授業や教材を構成する過程を「学びを支援するための外側からの働きかけ（外的条件）」という視点で捉えた。学習についての理論と実際の教育実践の両面から，授業構成において，ガニェは9種類の教師の働きかけ（9教授事象）に分類した（表2-9）。

4. 学習指導案のまとめ方

　教育実習や研究授業では，学習目標や教材に対する考え方，単元計画，1時間の授業の流れをまとめた「学習指導案」を作成する。

表 2-9　ガニェの 9 教授事象
（Gagné et al., 2005／鈴木・岩崎，2007）

導入
①学習者の注意を喚起する。
②学習目標を知らせる。
③前提条件を確認する。
展開
④新しい事項を提示する。
⑤学習の指針を与える。
⑥練習の機会を設ける。
⑦フィードバックをする。
まとめ
⑧学習の成果を評価する。
⑨保持と転移を高める。

- **基本情報**：授業をする日付と時間，学年・クラス，教科，教室，授業者の名前，生徒数など基本的な情報を記載する。
- **生徒**：生徒が授業で扱う内容をどう捉えているか記述する。関連する単元の習得状況や，教科に関する興味・関心を把握する。授業に取り組む態度などを取り上げるとクラスの雰囲気がつかみやすくなる。
- **教材**：授業で扱う単元の学習指導上の位置付けや，関連する単元とのつながりなどを取り上げる。学習指導要領の教科・領域ごとの「解説」には，より詳細なねらいや取り扱い方が書かれているので参考にする。その上で本単元が扱う教材で生徒はどのようなことを考え，どんな力の育成が期待できるのかなど，教材の特色を記述する。
- **単元**：単元のねらいとともに，単元計画を記載する。単元目標は，学習指導要領のどの項目と対応するのか明示する。さらに目標に対する評価基準を示し，1 時間ごとにどのような観点から評価するのか明確にしていく。
- **本時**：1 時間の目標と指導の流れを示す部分である。目標は，単元計画で示した目標と対応させて記述する。場面ごとの情報提示や学習活動の実際，各場面で何ができているのかをどのように確認するかを記す。時間配分を書いたり，資料や機器を使う場合はその使い方などを書き込む。

学習指導案の例を図 2-2 に示すので，参考にされたい。

実習　学習指導案

指導者名　　○○　○○　印

1　科目名　　　実習

2　日　時　　　令和○○年○○月○○日（○）　第○限から第○限

3　対象学級　　1 年 E 科 20 名　場所：電子計算機実習室

4　使用教材　　プリント

5　単元名　　　プログラミング I

6　本時の主題　課題探究型学習による数当てゲームの作成

7　本時の位置（主題の単位内における位置）

	（配当時間）
プログラミング I	16 時間
(1) データの入出力と簡単な計算処理 ⋯⋯⋯⋯⋯⋯⋯⋯	4 時間
(2) 分岐処理 ⋯⋯⋯⋯⋯⋯⋯⋯⋯⋯⋯⋯⋯⋯⋯⋯⋯⋯⋯	4 時間
(3) 繰り返し処理 ⋯⋯⋯⋯⋯⋯⋯⋯⋯⋯⋯⋯⋯⋯⋯⋯	2 時間
(4) 数当てゲームの作成 ⋯⋯⋯⋯⋯⋯⋯⋯⋯⋯⋯⋯	2 時間（本時）
(5) 配列 ⋯⋯⋯⋯⋯⋯⋯⋯⋯⋯⋯⋯⋯⋯⋯⋯⋯⋯⋯⋯	2 時間
(6) 関数 ⋯⋯⋯⋯⋯⋯⋯⋯⋯⋯⋯⋯⋯⋯⋯⋯⋯⋯⋯⋯	2 時間

8　本時の目標

　課題探究型学習 Project Based Learning により，少人数グループでの討議や活動記録の作成，成果報告を含んだ活動を行い，総合的・創造的な知識の活用力である「思考力・判断力・表現力」や「主体性・多様性・協調性」などを身に付ける。

9　評価基準と評価方法

評価基準				評価方法
関心・意欲・態度	思考・判断・表現	技能	知識・理解	学習内容
生徒が主となって協調的，能動的に学ぶ重要性を理解し，問題解決に取り組むことができる。	自分の考えをもち，他者の考えとの共通点や相違点を意識しながら言語活動を行うことができる。	与えられた情報を整理・分析し，それぞれの役割を意識して行動し，論理的にまとめることができる。	これまでに学んだことと，未知の知識を結びつけ，目標にたどり着くことができる。	・目標到達度 ・A3 レポート 授業態度，言語活動，その他　ホワイトボードのまとめ

10　本時の指導過程　裏面参照

11　ご高評

本時の指導過程（導入，展開，整理等）

過程	配当時間	学習内容	指導上の留意点	評価の観点			
				関心・意欲・態度	思考・判断・表現	技能	知識・理解
導入	10 分	本時の授業内容を確認する。 • グループ活動 • 言語活動 • まとめ方 • 評価方法 • レポート作成	21 世紀型スキルとは何かを，これまでの学習と，これからの学習とを比較して考えさせる。	○			○
展開	70 分	①5 人ずつの班に分かれ，情報カードを整理し，それぞれの役割を決める。	教員はファシリテーターとなり，中立的な立場でプロセス管理することを伝える。	○	○		
		②ルール，目標を確認する。	ルール，目標の共有を話し合うように促す。				○
		③クエスト 1 ～ 3 を作成する。	クエスト 1 ～ 3 は教員のチェックを必ず受けるようにする。		○	○	○
		④試作版 3 で乱数の知識がいるので，実際にコードを書いてどうなるかを考え，まとめる。	乱数は未知の知識であるため，コードを実行しながら，ホワイトボードにまとめるように促す。		○	○	○
	10 分	⑥制限時間終了後，それぞれの班ごとに討議する。	結果ではなく，どういうアプローチや，どういう失敗をしたかを重点的に話し合うように促す。 ホワイトボードのまとめ方について改善の指導をする。	○	○	○	
		⑦各班代表者が 1 分間スピーチで，今日学んだことを報告する。	話すときの視線や，伝え方についての指導をする。	○	○		
まとめ	10 分	振り返り • 言語活動の利点を話し合う。 • レポートは A3 用紙に自由テンプレート方式でまとめてくる。	トヨタの A3 報告書の例を通して俯瞰思考力の大切さを指導する。	○		○	

図 2-2　学習指導案例

Ⅱ. 新教育課程が目指す新しい学び

世界的な教育動向と新学習指導要領

　平成 28 年 12 月に中央教育審議会（以下，中教審）からの答申が発表され，平成 30 年 3 月に新学習指導要領が公示された。中教審には，教育心理学会のメンバーが多く関わっており，中教審（企画特別部会）の論点整理（2015）や最終答申には，「メタ認知の育成」が明記されるなど，多くの心理学的視点が含まれている。ここでは，心理学的視点から新学習指導要領におけるいくつかのキーワードを解説し，その視点からの実践についても紹介する。

　世界的な動向として，学校では学問の基礎を学ばせるだけでなく，社会で学び続けるための資質・能力を身に付けさせるという考え方が広まりつつある。こうした動きの契機となったのは，OECD（経済協力開発機構）による「キー・コンピテンシー」や，「21 世紀型スキル」といった概念の登場であろう。これらの議論を踏まえて，日本では「資質・能力の育成」という言葉が生み出され，社会に出てからも生かしうるような広い意味での学力を保証していくという方向性が示された。中教審の最終答申（2016）では若干広く定義されすぎた感もある「資質・能力の育成」ではあるが，本質的な内容を突き詰めると，特定の教科に閉じた学びだけではなく，将来的に社会で直面する課題を解決し，よりよく生きていくための学びを提供する，ということになろう。

　なお，「資質・能力の育成」には「メタ認知」という言葉が明記されている。メタ認知とは，誤解を恐れず簡潔な言葉で表現するとすれば，自分が分かっていることと分かっていないことを区別し，自分の学習に生かす力のことをいう。社会の中でうまく生きている人は「分からないことがどこかをはっきりとさせ，それを人に聞く」ことがうまくできる。しかし，子どもたちの多くは，「分からないことが分からない」。自分が分からないことに自覚的になり，自らそれを解決するような学習者像が求められているのである。

　また，もう 1 つのキーワードは，間違いなく「主体的・対話的で深い学び」であろう。論点整理ではアクティブ・ラーニングであったものが，このキーワードに切り替わった。アクティブ・ラーニングという言葉が使われなくなった背景には，単に「わいわい」とアクティブであればよいのではなく，有意味な学習にし

ていくことが必要であるという方針が見え隠れする。教師からの一方的な説明ではなく，生徒どうしの対話を取り入れた授業設計が求められるが，それはあくまで子どもにとっての学びにつながることが保証されている必要がある。

　学校現場では「深い学び」とは何かを問われることが少なくないが，心理学では「浅い」―「深い」という対比がしばしば用いられる。例えば，覚え方1つをとってみても，覚えるべきもの（公式や英単語など）の構造や意味を無視して，単純反復を中心に丸暗記するような学習は「浅い」とされる。一方で，構造や意味を自分のもつ知識と関連付けながら覚えるような学習（公式がどのように導出されたのかを理解する，英単語の構造を分解して，いくつかのかたまりとして捉えながら覚える，歴史の流れを理解する，など）は「深い」とされる。「深い学び」の第1項目は，「深い理解」とされており，「なぜ」や「そもそも」を大事に，理解にした学習を対話的に作っていく必要が求められている。

生徒どうしのペア説明の導入とそこでの教科書の活用

　こうしたことを志向した実践事例を紹介しよう。この事例は，神奈川県の県立高校の数学科，K教諭の実践である。筆者が数年間関わっている学校であり，この実践では特に，筆者とともに関わった研究室の博士課程の学生（東京大学大学院教育学研究科の福田麻莉氏）が主に協力してくれた（実践の詳細は福田，2018を参照されたい）。高校では，教師からの説明の後に，問題演習を行うようなスタイルが一般的である。深い学びを保証するための工夫として，教師の説明を充実させることはもちろん重要である。例えば，どのように解くのかだけでなく，なぜそのような方法をとるのかを重視して説明することは大切であり，新学習指導要領の方向性とも一致している。しかし，いくら教師が十分な説明を行っても，生徒がそれを十分に自分の知識として取り入れられているのかは，必ずしも明らかではない。多くの生徒は，これまでの授業スタイルの中で，先生の説明の後には問題を解くということに慣らされてきている。このために，せっかく教師が「なぜそうした解き方をするのか」や「なぜこのような公式になるのか」を説明したとしても，それを意識して学んでいない可能性もある。また，一時的に授業でそれを学んだとしても，テストにはそれらがずばりと問われてこなかったこともあり，家庭で「なぜ」に当たる部分を，意識的に復習することはほとんどないかもしれない。そうした状況にあっては，せっかくの教師の説明が十分に生徒側に届かない可能性が高い。

　こうした問題点を解決するために，教師が「なぜ，このような公式になるのか」「なぜそのような解き方をするのか」といった意味の説明をした後に，子どもどうしが互いに説明し合う活動を取り入れた。演習の時間も確保したいという葛藤から，この実践では，1人1分ずつ（ペアで合計2分）を授業中に1回（ないし2回）取り入れた。つまり，演習の時間の2分（もしくは4分間）を削り，教師が伝えた「なぜそうなるのか」を生徒どうしでペアとなり，互いに（隣の人はその内容を知らない人であり，それを教えるつもりで）説明してもらったのである。また，いきなりこうした活動を行うのは難しいので，教師から説明する際に，教科書には明示的には書かれていない重要な意味の部分を，教科書に書き込ませておき，必要であればそれを参照しながら説明するというスタイルをとった。

　この実践では，まずはK教諭が担当する1クラスにおいて，試験的に実施され，その後にK教諭が担当する全クラスで実施されるようになっていった。1クラスだけで実施されていた時期のテストで，特徴的な結果が得られた。まず，小テストにおいて「①中心C，半径r（＞0）の円の方程式を書きなさい。②解答欄の図を用いて，円の方程式の公式の成り立ちを説明せよ。なお，図に書き込みをしてもよい」といった説明を求める問題を出題したところ，先行して実践を行っていたクラスでは，公式の導出を説明する課題（②）が，その他のクラスよりも高い傾向が見られた（図に解答例を示す）。これは，より深く理解されていたことを示す。さらに，説明を含まない通常の期末テストにおいても，統計的に見ても高い成績といえることが確認された。実践前にはこうした差が見られていない。教師と同じように「なぜ」を生徒自身でも説明してみることで，最終的には深い理解がもたらされ，通常の課題における成績も押し上げたと考えられる。

　これらの結果を考える上で留意すべきは，これらのクラスにおいて教師が説明した内容に違いは見られないということである。違いは，演習の時間を2分（もしくは4分間）削り，生徒どうしに説明をさせたかどうかである。生徒どうしが授業の中で学んだ知識を，図などを指し示しながらクラスメイトに自分の言葉で説明するという活動は，まさに主体的な活動である。場合によってはうまく説明できず，自分が理解できていないことに気づき（この気づきは，メタ認知である。メタ認知を促していることにもなっている），必要に応じて教科書に立ち返ったり，クラスメイトに質問したりすることになる。学校現場の中には，「教師と同じような説明をするのであれば，時間の無駄であり，その分，教師の説明や問題演習に時間を使ったほうがよい」という発想が存在する。こうした発想になるこ

とも十分に理解できる。しかし，この実践が示していることは，生徒が（例え
ばはじめは教師と同じような説明であっても）主体的に説明を生み出そうとする
ことで，深い学びに結びつき，結果として知識の定着にもつながるということ
である。

　なお，この高校では，現在，深い学びを志向したような授業法を各教科にも
広げることは可能か，さらにテストに深い学びを評価するような問題を1問で
も入れることは可能かといった点を学校全体で議論している。新学習指導要領
では，深い学びを保証するための方法を学校全体で教科や学年を横断して議論
する必要性や，それらを評価していく必要性が，「カリキュラム・マネジメント」
というキーワードであげられている。新教育課程に資する教育実践に発展する
可能性がある実践として注目できるだろう。

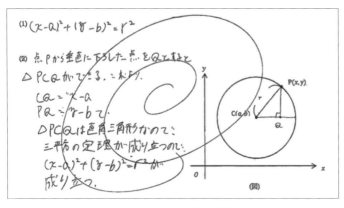

小テストにおける生徒の解答例

出典：福田麻莉・小清水　義　2018　教科書を活用した数学授業における説明活動の効果
　　　―高校の授業における実践から―　日本教育心理学会第 60 回総会　p.667

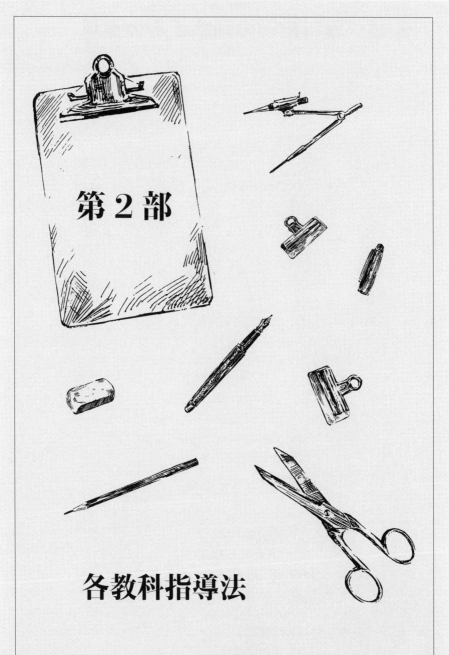

第 2 部

各教科指導法

3章　理科指導の理念とその実現

　教育実習を控えた学生たちの次の会話をもとにして，理科教授法について考えていくことにしたい。

A男：教育実習では，授業を行う上での準備には時間を費やし，やれることはすべてやる。実習をやらせてもらうことを当たり前と思わず，生徒たちの大切な時間を有意義な時間にできるよう，どんな質問をされても答えられるよう知識を深め，生徒目線で考えた授業がしたい。すべての生徒が理解できるよう，授業方法を工夫し，生徒の興味・関心を引き出して，主体的に授業に参加してくるようにしたい。

B太：俺もそうだ。だからこそ，どうやったら生徒の興味を引き出せるのか，どのように問いかければいいのか，どのようなプリントを作成したら効果的なのか，どのように板書すればノートをとりやすくなるのか等，次から次へと悩み事が出てきて，不安感が日増しに募ってくるよ。授業以外のときでも，生徒とのように接していけばコミュニケーションがとれるのか，心配だしな。

C子：私も，教育実習の打ち合わせで指示された〈中和反応〉の研究授業について，B太君のいったとおりの〈どうやろうか〉という不安感で，頭がいっぱい。それに，私の担当は男子ばかりのクラスなので，どのように話しかけていこうか悩んでいるところよ。

　このように，教職課程に在籍して教師を目指す学生は，総じて真面目で，分かりやすい授業をしようという一生懸命さが十分に伝わってくる。しかし，この会話の中で頻繁に使われた言葉に着目してもらいたい。〈どのように〉という類いの言葉から，「与えられたり，指示されたりした範囲をそのままに受け止めて，それを〈どうやって〉教えたら分かりやすい授業になるか」，つまり，〈どのように〉という，これから先のことばかりに彼らがとらわれすぎてはいないだろうか。

図 3-1　教育実習報告会の光景

　石川県の高校（英語）教諭　前田（2011）も，「『分かりやすい授業』を超え，『生徒がもっと学びやすくなる授業』へ」の中で次のように述べている。少し長くなるが，引用しておきたい。

　　私の理想は「分かりやすい授業」でしたから，教材研究は入念に行いました。また，前任校での経験から「楽しさ」を大切にしていた私は，ゲーム的な活動も授業に取り入れました。そして，赴任当時は校内でただ一人のオールイングリッシュによる授業。英語への情熱を生徒にぶつけるような授業だったと思います。生徒の授業評価も決して悪くはありませんでした。

　　ところが赴任4年目，1年生の授業で出来るだけ分かりやすいように時間を掛けて丁寧に英語で説明する私の耳に，「ヒマや……」という声が飛び込んできたのです。一番前の席の男子生徒がつぶやいたそのひと言に対して，私は何も言い返せませんでした。

　　楽しくて，分かりやすく，熱意の伝わる授業をしたいと私は思っていました。しかし，それだけで生徒の中に学問的な興味や，自分で学ぼうとする気持ちを生むことが出来るのか，私は深くは考えていませんでした。

　　（中略）

　　説明が一方的にならないように気を付けたり，ペアやグループ活動を取り入れたり，試行錯誤が続きました。

　　（中略）

　　真に楽しい授業とは何かを考えた時，それは生徒が自分の考えを話したくなるような授業ではないかと思ったのです。そして，授業で「正解を探す」のではなく，正解のない問いを生徒に投げ掛けてみようと思いました。

　　（中略）

　　社会では，答えが一つではない中でコミュニケーションを図り，他者の考えを聞きながら自分の意見を整理することがほとんどです。授業にその過程を取り入れることで，道具としての英語を使う訓練になると考えたのです。

　　これまでと異なるスタイルの授業に生徒が集中し，「もう授業か終わったの？」という声が教室で聞こえた時には，大きな達成感を覚えました。

　教育実習で研究授業をするにあたって，来たるべき授業の展開を考える前に，さらに付け加えるならば，教師として教壇に立って授業をするにあたって，その授業の展開を考える前に，一旦立ち止まって，これまで学んできた内容やこれまで教えてきた内容を振り返って，その教材の全体像を自分なりに組み立ててみることこそ，この章

において，私が最も伝えたい事柄である。

　すなわち，「与えられたり，指示されたりしたものを，一旦自分の中に取り込んで，その中から何を生徒に伝えるべきなのか選定し，目の前にいる生徒の状況に相応しいように展開する」には，〈どうやって〉教えたら分かりやすい授業になるか，という事柄ばかりにとらわれることなく，「〈どうやって〉教えたら」の前にやるべき重要なことがあることを見落としてはならない，ということである。

- 与えられたり，指示されたりした範囲
  ↓
- その範囲を含む，教科の章や節の全体構造の組み立て（＝物語）
  ↓
- 生徒の状況把握（＝生徒を構う）
  ↓
- それを踏まえて，生徒に伝えるべき項目の選定（＝本時の目標）

　この流れに沿っての準備にこそ，多くのエネルギーと時間を費やすべきであり，ここまでの準備ができれば，後は自分自身の長所を生かして，「〈どうやって〉教えたら分かりやすい授業になるか」と，究極的な解答のない問題に向かって大いに悩んでもらいたい。それが，将来，教壇に立ったときの大いなる財産になるはずである。

　ここで，もう１つ付け加えておきたいことがある。それは，「授業の評価」に関してである。

　研究授業の指導案を見ていると，本時の目標として次のような記述が多く見られる。

Ａ：数学科実習生の研究授業指導案
- 底の変換公式について理解し，それを用いることができる。

Ｂ：国語科実習生の研究授業指導案
- 文章の論理を読み取り，まとめる力を養う。
- 文章の書かれた動機を考える。

Ｃ：理科（物理）実習生の研究授業指導案
- 等速円運動の加速度の式をもとに，運動方程式が成り立つと仮定して，向心力を導く。
- 向心力と運動の関係を，実験を通して検証する。
- 仮説の検証にあたり，目的をもった実験を行うことで，科学の方法の習得を目指すとともに，科学的考察力の育成を図る。

恥ずかしながら，筆者である私自身も大学時代の教育実習では，次のような本時の目標を掲げてしまっていた。

　D：理科（生物）
- ATP の生物界における重要性の認識
- 「何のために発酵を行っているのだろうか」という考察とその理解
- 有気呼吸と無気呼吸の違いの理解
- 反応の複雑性の認識

　B～D については，各文章の後尾に「～させる」のように語句を付け加えてみてほしい。そうすれば，これらは，授業者である「教師側の，その授業に寄せた目標」になっていることが分かるであろう。それに引き替え，A のそれは，「生徒側の，その授業で身に付けているべき目標」となっている。

　平成 30 年 3 月に文部科学省（以下，文科省と表記）から告示された高等学校学習指導要領では，これまでの改訂と比較して大きな変更がなされており，これからの理科教育を進めていく上で，その内容を理解しておくことが欠かせない。

　今回の改訂のねらいを要約すると次のようになる。

　これまでの学校教育における授業では「どのような内容」を「どのように教えるのか」という学習内容が重視されてきたが，PISA の結果に端を発する世論を受けて，文科省は次に示すような学校教育の質的転換に踏み込んだ。

- 学習指導要領は「最低基準」であることを明確にした。
- 全国学力・学習状況調査に「キー・コンピテンシー（主要能力）」の要素を問題に取り入れた。
- 授業時数や学習内容を増やし，教科横断的な言語能力の育成を重視。

　つまり，学習内容だけでなく，それを学ぶことによって「何ができるようになるのか」という視点を重視し，

- 何を理解しているか，何ができるか（知識・技能）
- 理解していること・できることをどう使うか（思考力・判断力・表現力）
- どのように社会・世界と関わり，よりよい人生を送るか（学びに向かう力・人間力）

という学校教育で目指す「資質，能力」の「三つの柱」を文科省は示し，これを受けて，学習指導要領には，「主体的・対話的で深い学びの実現に向けた授業改善」と明記された。

　授業の主役は，当然のことながら生徒である。したがって，重視すべきは，教える側のねらいではない。授業後に生徒がねらい通りの資質・能力を身に付けることができたかどうか，これこそが問われるべきはずである。文科省も中央教育審議会（以下，中教審と表記）の答申を踏まえて，「学びの成果として『どのような力が身に付いたか』に関する学習評価の在り方」を重視する方向を強く打ち出してきているのである。

　このように考えると，本時の目標というのは，生徒全員に身に付けさせたい資質・能力を提示した（生徒に約束した）ものであって，「生徒全員が 1 人残らず身に付けたかどうか」で，その授業の評価が問われることを確認しておくべきである。

　本章では，理科の教師を目指す学生に，教職課程の講座として，理科教育法や理科教授法などと呼称される講義の中で，ぜひとも修得し，身に付けておいてもらいたい内容を精選した。編集にあたっては，内容を理科授業の要素に関するものと，理科授業の方法に関するものに大別した。また，随所に演習問題も設定しておいたので，大いに活用してもらいたい。

1 節　理科授業の要素に関して

1. 理科教育とキャリア教育

　教育の本来的な目的は「人づくり」である。したがって，理科教育もこれに積極的に貢献していくものでなければならないはずである。そして，キャリア教育の延長線上に人格の形成を捉えるならば，キャリア発達を促す教育であるキャリア教育は，科学教育とは無縁では決してない。

　例えば，生徒どうしの学び合いを促すようなアクティブ・ラーニング（以下，ALと表記）や仮説実験授業などは，キャリア発達を促す一面をもっている。生徒どうしの学び合いを促す AL では，つまずいて悩んでいる生徒の理解を促すために面倒を見ようとしてコミュニケーションをとりにいくことが必要になる。また，仮説実験授業では，それぞれの仮説について考えを出し合って議論する。そして，議論を深めていく中で，自分が出した仮説を押し通したり，場合によっては変更したりしなければならない。他の生徒の様々な考え方に触れ，たとえ実験結果が自分の予想と違っていても，授業に積極的に参加していることで授業が楽しいと感じることができる。

　他の生徒と学び合う中で自分とは異なる意見に触れる。そして，自分の考えが肯定された場合には自己肯定感を抱くことができる。このように，生徒が人として成長し

続けるために必要な要素がたくさん含まれている。

2．理科離れ現象

(1) メディアが大きく取り上げた「理科離れ」

　理科教育が「人づくり」という教科の本来的な目的をないがしろにし，知識偏重型で暗記に偏った授業に終始していけば，生徒の心に知的好奇心を灯すことから程遠くかけ離れ，生徒の心が理科から逃避していく結果になることは容易に想像できることである。現に，2005 年から 2007 年をピークに，「理科離れ」問題が大きな話題になった。

　図 3-2 は，A，B 両全国新聞に掲載された理科離れに関する記事の数の推移（1989年〜 2011 年）をグラフにしたものである。「ゆとり教育」の高校学習指導要領（平成11 年公示）の施行が 2003 年であることや，スーパーサイエンスハイスクール（SSH）が始まったのが 2002 年であること等と重ね合わせるとより興味深く見直せるのではなかろうか。

　ところで，この理科離れをどう解決していくのかについては，広くそして大きな議論を呼んだ。

　増田（2007）は，「『理科離れ』解消のために何が必要か」の中で，ポイントの 1つとして「日本がとるべき理科離れ対策で欠かせない点として，すべての国民の科学技術リテラシー向上，21 世紀型の「科学する心」を芽生えさせること，理数系教育の改革，科学を文化・教養の一部にすること，「科学の演奏者」の育成，リアルな実験体験，理系の地位・待遇の向上，などの重要性」を指摘している。

　さらに続けて，増田は次のようにも指摘している。

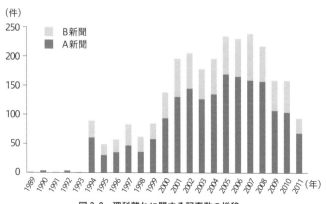

図 3-2　理科離れに関する記事数の推移

　理科離れというが，その分だけ文科系が強くなったわけではない。理科や数学に限らず，体系的な知識習得への意欲が低下しているのが実態であり，正確には「学習離れ」というべきだとの見方がある。

　実際，理系に関心がなく，文系にも実は興味がない者の多くが文系に進学するという実態があるため，表面上理科離れが進んでいるように見えるが，その本質は学習意欲の全般的な低下である可能性がある。

　昨年，発覚して社会問題となった高等学校における世界史など社会科の履修不足の問題は，受験に不要な科目切り捨てという形で理科離れならぬ「人文離れ」が進んでいることをうかがわせる出来事である。

(2) 学校現場で見られる「理科離れ」

　文科省による平成 17 年度教育課程実施状況調査結果によれば，小学校高学年では「理科は実験があるから好き」，「理科はわかると楽しいし，学習すると身の回りのこともよくわかる」と答える児童の割合が多い。それが，中学・高校と学年が上がるごとに次第に理科への好感度が下がっていく。図 3-3 に見られるように，特に高校での落ち込みが，他教科と比べても際立って大きい。

　この原因の 1 つとして，現在の児童・生徒を取り巻く環境が，理科の学習の基盤となる豊かな自然体験や生活経験を許すものではないことがある。加えて，身近に使うスマホ，家庭で使っている電気製品及び日頃から親しんでいる玩具には理論的に高度な技術が使われていて，授業で学習した理科と結びつけることが容易ではない。だからこそ，何か仕掛けを作って，理科授業と日常生活とのつながりを切り口にしていくようにしないと，理科・科学への関心が低くなっていくことが懸念される。

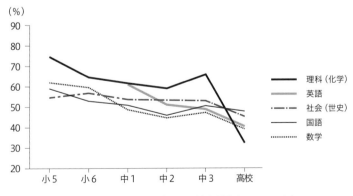

図 3-3　当該教科の勉強が好きだ（文部科学省，2016 より）

「理科授業と日常生活をつなげる」ために，次のことがよく指摘されている。

- 日常生活と理科授業をつなぐ実験を工夫し，体験を積み重ねる。
- 理科授業で学んだ知識が，日常体験の場面に還元されていることを具体的に示す。
- 理科授業で学んだ知識を，日常生活に活用するように促す。

▶▶演習 1
「理科離れ」についてあなたの意見を述べ，その理由，またはあなたが考える対処方法を説明せよ。

---

3. 学習指導細案を書こう

　理科教育発展の鍵を握っているのは，他でもない理科教師であり，理科教師自身の生き方や生徒の知的好奇心に火を灯すような授業展開の方法が，生徒の理科に対する興味・関心を高める必要十分条件であるといえる。

　その点において，堀（2015）が示唆に富んだ指摘をしている。堀は，『よくわかる学校現場の教育原理―教師生活を生き抜く 10 講―』のはじめに，「〈HOW〉から〈WHY〉へ転換する」を取り上げ，「『どうやって』『どうすれば』『どんな授業をすれば』『どうしたら』など，方法を問う〈HOW〉病に取り憑かれている」と断じ，「〈なにを〉〈どのように〉とセットで問わなければ具体策は出てこない。しかも，〈なにを〉を決めるためには，〈なぜ〉が明確でなければならない」と強調している。

　そこで強調したいのが，学習指導細案の見直しである。とりわけ，学習指導細案の中で，**「教材観」「生徒観」「指導観」**に着目したい。

　研究授業を参観に行くと，必ず学習指導案が配布される。しっかりとした「教材観」「生徒観」「指導観」が書かれた学習指導案をもとになされる研究授業は，やはり安心して参観できる。

　ここに，理科教育法（大学 3 年生後期）の受講生が授業で作成した学習指導案（高校 2 年生の生物基礎〈光合成〉）の「教材観」「生徒観」「指導観」と，翌年の教育実習時（高校 3 年生の化学〈硫黄とその酸化物〉）に作成した「教材観」「生徒観」「指導観」を示しておく。比較して，授業スキルの成長の様子を感じ取ってもらいたい。

【理科教育法(3 年生後期)の授業で作成した学習指導案より】
○指導にあたって
(1) 教材観
　学習指導要領より，「生物基礎」では，「(1)ア(イ)細胞とエネルギー」で，呼吸において ミトコンドリアが，光合成において葉緑体が中心的な役割を果たしていることについて学習している。ここでは，細胞小器官と生体膜の特徴及びそれらを構成する物質の特徴を理解させることがねらいである。生体膜については，主にリン脂質とタンパク質から構成されること及び透過性や物質輸送について扱う。細胞骨格については，その構造と機能の概要に触れる。例えば，光合成曲線についてそのグラフにおける光合成速度と呼吸速度および見かけ上の光合成速度の関係性について理解させることがねらいである。
(2) 生徒観
　クラスの人数は少ないため，教室においては教師の声は比較的届きやすい。従って，授業内で生徒を当てて答えさせやすい。生徒構成に関しては，授業外では明るい生徒とおとなしい生徒が混在しているが，全体的に仲のよいクラスである。また，授業外と授業中の意識的な切り替えが行われている。生物は履修する際に，「生物」と「生物実践」に分かれるため授業の進行度，習熟度の両方にばらつきがでると推定される。習熟度のばらつきの差を小さくするため，「生物実践」を履修している生徒を重点的に理解度を確認する。この分野は試験においても出題されやすいので全員が理解することがねらいである。
(3) 指導観
　生物基礎の光合成分野を復習することによって，生徒の理解度の差を小さくすることができる今回の授業では，光合成と化学分野を関連付けて考える必要があるため，化学における物質量の演算についても指導する。そのために，授業で例題を一緒に解き，その後練習問題を解かせる。また，生徒が公式をただ覚えるだけではなく，現象の過程から物事を考えるという力を身につけることがねらいである。

【教育実習時に作成した学習指導案より】
○指導にあたって
(1) 教材観
　この単元では，「典型元素の単体及び化合物の性質や反応について周期表と関連付けて理解すること」をねらいとしている。学習指導要領より，化学基礎では「(2)イ　物質と化学結合」で，化学結合に関連して幾つかの無機物質について学習している。また，この単元においての目標は，無機物質の性質や反応を観察，実験などを通して探究し，元素の性質が周期表に基づいて整理できることを理解させるとともに，それらを日常生活や社会と関連付けて考察できるようにする，と学習指導要領にて述べている。今回の授業では，典型元素の 16 族の「酸素」を取り上げる。酸素は，小学校の頃から慣れ親しんだ気体であり，中学校では，「(2)身の回りの物質　ア　物質のすがた」で気体の発生方法を習得している。なので，今回の授業では既得知識を用いて科学的思考能力を養い概念の形成を図るとともに，周期表を用いたり，化学反応式を書きながら既得知識と結びつける。また，酸素の同素体であるオゾンは，地球環境問題においてよく耳にする「オゾン層」のように，化学的な事象が身近にあるので興味・関心が湧きやすい題材である。また，酸素は地殻中に

含まれる，最も多い元素であるので，地殻中に含まれる元素の多い順に語呂を使って覚えたりする事によって生徒の視覚・聴覚に刺激を与え記憶に残していきたい。酸素は，多くの元素と反応し酸化物を形成するので，周期表を用いて，金属元素，非金属元素，両性元素の性質を確認しながら，酸化物の違いを理解させていきたい。また，塩素酸の酸素原子の数の違いによって塩素原子の価数が異なることで酸の強さが異なったり，族番号が大きくなるほど酸性が強くなることを周期表を用いて理解させたい。

(2) 生徒観

　このクラス全体としては，明るく元気な生徒とおとなしい生徒が混在しているが，どの生徒も積極的であり，コミュニケーションで先生との関係をつくりやすい生徒達である。生徒達で盛り上がるところもあるが，先生が困っているのを助けるように生徒自らが行動を起こし，静かになるよう促す一面のある生徒達である。また，授業中の発言は，明るく元気な生徒が目立つが，一方でおとなしい生徒が板書を丁寧に写したり，先生の発言をプリントに書いたりなど，自主的に学習を行う生徒もいる。授業中における集中力は個人によって異なるが，1人の生徒が私語をする事によって他生徒の集中力が途切れてしまっているように感じた。なので，授業自体も抑揚のある授業展開を行う事で全員の集中力を途切れさせないようにしていきたい。

　このクラスは，理系のクラスであるが，生徒の理解度・習熟度にはばらつきがある。従って，授業の導入で，前回の内容を小テストを行う事で知識の定着を図るのを繰り返し行う。また，授業中には，日常的な化学にまつわる現象を先生自らが発言することで，生徒の化学に対する興味を引き出していきたい。自主的に問題に向き合おうとする生徒は少ないので，化学反応式を生徒が考え解答するように促し，机間巡視を行う事で，生徒とコミュニケーションをとりながら，理解度を把握していきたい。

(3) 指導観

　生徒の実態から見て，教科書に沿って授業を進めるよりも身近な出来事や社会問題と関連付けて生徒の興味を引き出して，授業に入ったほうが生徒の意欲を高めやすいと考える。

　そして，授業の始めに本時の目標を明らかにする事によって，生徒が最終的に何ができるようになればいいかが，はっきりする。

　今回の授業内容は，導入では既得知識で答えられるため授業中はできるだけ多くの生徒を当て，積極的に発言させる。

　そして，周期表は事前に掲示物として準備しておき，金属元素，非金属元素，両性元素を生徒自身に判断させる事によって授業に対する興味・関心を湧かせ，その後の授業で行う「酸化物の性質」に結びつける。また，酸素の同素体である「オゾン」について基礎知識を確認し，環境問題と関連させ，環境問題に対して興味・関心を引き付けたい。その後，酸化物の分類は反応する元素によって異なる事を周期表を用いて確認する。また，オキソ酸の性質を図に表したり，身振り手振りする事によって視覚的印象を与え，生徒の記憶に残るような問いかけを多くし，問いかけに対して正解を出す事で生徒に自信を持たせるようにする。授業全体としては，生徒に対する問いかけを多くし，問いかけに対して生徒の言葉で表現する事により，思考力・判断力・表現力を育んでいきたい。生徒には，化学に対しての知的好奇心をくすぐる事ができるように，授業内で発展的な内容を話し，自分の大学の経験談を交える事で関心を持たせ，授業外でも自ら学ぶ姿勢が身に付くよう促し，生徒の更なる知識の発展に期待する。

堀の指摘と関連付けると，次のようになる。

授業の展開を考えるにあたって〈どのように〉に終始すると，個別指導の面では個々の生徒に焦点が当たっていて効果的であろうが，多人数を対象にした授業では，あらかじめ設定されたカリキュラム通りに進行するためには，どうしても学力的に中位の集団に焦点を合わせざるを得なくなる。このことが，特に学力的に下位の生徒にとっては「置いてきぼり」の意識を抱かせる大きな要因になってきたことは否めない。

だからこそ，高等学校学習指導要領（昭和 51 年 8 月）では，第 1 章総則の第 7 款「指導計画の作成に当たって配慮すべき事項」の 6 (6) に，「学習の遅れがちな生徒，心身に障害のある生徒などについては，各教科・科目等の選択，その内容の取扱いなどについて必要な配慮を行い，生徒の実態に即した適切な指導を行うこと」と記載されていた。

そして，高等学校学習指導要領（平成 21 年 3 月）では，第 1 章総則の第 5 款「教育課程の編成・実施に当たって配慮すべき事項」の 5 (7) に，「学習の遅れがちな生徒などについては，各教科・科目等の選択，その内容の取扱いなどについて必要な配慮を行い，生徒の実態に応じ，例えば義務教育段階の学習内容の確実な定着を図るための指導を適宜取り入れるなど，指導内容や指導方法を工夫すること」（下線は筆者による）と，より具体的に踏み込んだ内容が記載された。

さらに平成 30 年 3 月告示の高等学校学習指導要領では，第 1 章総則の第 5 款が「生徒の発達の支援」と具体的に表記されることとなり，〈1　生徒の発達を支える指導の充実〉の (6) に「学習の遅れがちな生徒などについては，各教科・科目等の選択，その内容の取扱いなどについて必要な配慮を行い，生徒の実態に応じ，例えば義務教育段階の学習内容の確実な定着を図るための指導を適宜取り入れるなど，指導内容や指導方法を工夫すること」と，これまでと同じように表記されている。

2 節　理科授業の方法に関して

1.〈どのように〉に終始すると流行の手法を授業に取り入れてみようとしがちになる

先にも述べたように，〈どのように〉に終始すると，個別指導には個々の生徒に焦点が当たって効果的であるが，多人数を対象にした授業において，あらかじめ設定されたカリキュラム通りに進行するためには，どうしても学力的に中位の集団に焦点を

合わせざるを得なくなる。

　具体的に表現すると次のようになる。

　〈どのように〉に終始すると，生徒の興味・関心を引きつけて授業に参加させようという気持ちが優先するのはやむを得ない。このとき，頭の中に思い浮かべているのは，おそらく，授業を進める上で気になる，理解の遅れがちな生徒であるに違いない。また，理科に興味を示さないクラスでの授業の場合には，目の前の生徒たちに迎合した，表面的で内容の薄い話題でその場を引きつけることになりがちである。

　このことは，この章のはじめに示した教育実習を控えた学生たちの会話からも，容易に想像できる。

　西川（2015a）も，高校教師であった頃の自分を次のように振り返っている。少し長くなるが，引用しておきたい。

　　大人でも一方的な話しを聞いていると 10 分弱で集中が切れます。そこで 7 分ぐらい授業をすると 5 分程度の馬鹿話をして集中力を保ちました。時には変装・着ぐるみをまとい盛り上げました。当時の私は，それを教師の職能だと考えていました。

　　しかし，所詮，馬鹿話は馬鹿話に過ぎません。50 分間の授業のうち 20 分間程度をその馬鹿話に費やしていたのです。その 20 分間は授業ではありません。これは邪道です。

　　理科には炎色反応という実験があります。化合物を炎で燃やすと，それに含まれる金属イオンによって特定の色の炎が現れます。逆に炎の色で含まれる金属イオンを特定することが出来ます。一般には，調べたい水溶液につけた白金線を実験室のガスバーナーに入れ炎の色を見ます。しかし，インパクトがありません。塩素酸カリウムという物質と砂糖を混ぜて，そこに濃硫酸を数滴たらすと爆発的に燃えます。その中に金属化合物を入れると手製の花火が出来ます。そこで，それを使ったインパクトのある炎色反応の実験をやってみました。

　　案の定，子どもたちには大受けです。実験中，ずっと集中して実験プリントにも色々なことを書いていました。私としては大満足です。

　　しばらくして定期テストをしました。ところが，その炎色反応の部分が全滅状態です。

　　（中略）

　　彼らは炎色反応の実験ではなく，色がカラフルに変わる手品として認識していたのです。

　　面白実験は手品です。理科が既に分かった教師は，手品を見ながら手品の裏に

ある理科を見いだすことが出来ます。しかし，理科が分かっていない子どもに手品を見せても，手品は手品としか見えないのです。

　外食産業では確実に美味しいと思って貰うために甘みや塩味を強くします。しかしそれでは素材の美味しさが分からなくなります。第一，体に悪い。馬鹿話や面白実験はそれにあたります。先に述べたように私も馬鹿話や仮装を授業の中に入れました。しかし馬鹿話や仮装を授業の中に取り入れれば，それが巧みであればあるほど，子どもたちの中に定着するのは，馬鹿話や仮装なのです。

2.　理科授業における AL

　2014 年 11 月，文部科学大臣が中教審に対して，次のような諮問をした。すなわち，次の学習指導要領の方向性を示す「初等中等教育における教育課程の基準等の在り方について」である。この中で「AL」は，今後実現すべき中心的な課題とされ，次のように指摘されている。

　　「どのように学ぶか」という，学びの質や深まりを重視することが必要であり，課題の発見と解決に向けて主体的・協働的に学ぶ学習（いわゆる「アクティブ・ラーニング」）や，そのための指導の方法等を充実させていく必要があります。

　ところで，この AL については，文科省はこの諮問に先立ち，すでに次のような説明を行ってきた。「教員による一方向的な講義形式とは異なり，学修者の能動的な学修への参加を取り入れた教授・学習法の総称」「発見学習，問題解決学習，体験学習，調査学習等が含まれる」「教室内でのグループ・ディスカッション，ディベート，グループ・ワーク等も有効なアクティブ・ラーニングの方法である」（平成 24 年 8 月 28 日「新たな未来を築くための大学教育の質的転換に向けて」）。

　つまり，「AL」は，当初は大学教育の質的な改善を目指して検討されてきた。それも，講義を受けての「学習」ではなく，学生の主体的な学びである「学修」が目指されたのだ。

　小野田（2017）も，「大学教育から AL は始まったため，中教審答申『新たな未来を築くための大学教育の質的転換に向けて』（平成 24 年 8 月）の用語集では AL を『教員による一方的な講義形式の教育とは異なり，学修者の能動的な学修への参加を取り入れた教授・学習法の総称』と定義していた。それがあっという間に初等・中等教育に『降りてきた』形となった」と記している。

　現に，ベネッセ教育総合研究所の第 6 回学習指導基本調査（平成 29 年 3 月 22 日）の結果を見ても，AL を取り入れようと心がけている高校で，「日頃，多くしようと

心がけている授業方法」について「グループ活動」をあげる教師の割合が高まっていることがうかがえる。私が実際に教育実習期間中に巡回指導で訪問した高校の理科の授業でも，「本校では AL に力を入れて実践しております。今日の理科はその AL の授業です」といって案内された教室では，グループ学習に終始した授業形態であった。

さらに加えて，平成 27 年度全国学力・学習状況調査結果からは，中学校理科において，「実験結果を数値で示した表から分析して解釈し，規則性を見いだすこと」や「課題に正対した実験を計画することや考察すること」に課題があることが浮かび上がってきた。

ここで浮かび上がってきた課題は，高等学校の理科にも十分当てはまる内容であり，これまでの理科の授業方法について，大きな反省と見直しを促しているといえる。

したがって，これからの理科教育を考えたとき，生徒の主体的な学びを目指す AL の実践方法に関しては，高等学校の現場においても重大な問題意識をもつ必要がある。すなわち，「判断の根拠や理由を示しながら自分の考えを述べる」ことについての課題が残っているとの認識に立って考え直すと，発表・グループ活動・ディベート等，これまでの授業形態とは違う形だけを取り入れることに流されていてよいのだろうか？

3. 学習指導細案を見直そう

学習指導細案で重要なのは，**「教材観・生徒観・指導観」「本時の目標」「授業評価」**であると，私は考えている。

(1) 本時の目標

そこで，AL を進める上で，先に記した諮問「初等中等教育における教育課程の基準等の在り方について」では，さらに次の課題も指摘していることを重要視したい。

> こうした学習・指導方法の改革と併せて，学びの成果として『どのような力が身に付いたか』に関する学習評価の在り方についても，同様の視点から改善を図る必要がある。

実は，学習の結果，生徒が身に付けた成果としての資質・能力とその評価方法についての検討も課題とされているのである。

授業の成果として「どのような力が身に付いたか」を考えるには，「目の前の生徒に」「どのような力を身に付けさせるべきか」が先に設定されていなくてはならない。これこそが，本時の目標に他ならない。

(2) 学習指導要領の分析に基づいた工夫

「1 節 3. 学習指導細案を書こう」で,

教材観	→	生徒観	→	指導観
〈何を〉〈なぜ〉		〈誰に〉		〈どのように〉

と示しておいたように,教師自身がしっかりとした「教材観」(〈なにを〉〈なぜ〉) をもっていることが重要であると強調した。

そこで,教材観を構築していく上で忘れてはならないのが「学習指導要領の分析」である。

そもそも,学習指導要領や教科書を無視して,教師が自分自身の抱く教材観に従って,自作のプリントで授業を進めていくことは,いくら「自分は教師だから」といっても許されることではない。

> **▶▶ 演習 2**
> 学習指導要領や教科書を無視して授業を進めていくことは許されない。
> その理由を分かりやすく,具体的に述べよ。

理科の目標や内容等は,学習指導要領によってその大枠が規定されている。

高等学校理科の場合,高等学校学習指導要領の理科の「目標」「内容」「内容の取扱い」を見ることによって,各単元の基本的な目標と内容,主要な学習活動を知ることができる。さらに,学習指導要領の解説書を見れば,その理解をより深めることができる。

ところで,理科の授業に限らず,1 コマの授業は,通常,その目標や内容に関して他の多くの授業と結びつきをもっているものである。多くの場合,授業は,これまで行ってきた授業を基礎とし,これに続く授業の基礎ともなっている。したがって,ある理科授業の目標や内容をよく理解するためには,単にその授業の目標や内容を知るだけでなく,少なくともその授業を含む単元全体について,そしてできれば,さらに関係する前後の単元をも含めて目標や内容を明らかにし,それに沿って,その授業の目標を設定し,授業展開を考えていく必要がある。

ここでは,教育実習生の研究授業に見られる課題を例として取り上げながら,その課題の解消に向けて取り入れるとよいと思われる実験や演習課題を例示してみたい。

①物理分野

◆ 例1：物理基礎「電気」の研究授業

学習指導要領には，「金属中の電流が自由電子の流れによることも扱うこと」と記されているが，この<u>自由電子の流れを電流と混同している</u>実習生が目立つ。

自由電子の速度の計算式とその結果だけを提示する程度にとどめておけば，後の5.(2) の①物理分野で示した「◆ 例1：物理基礎「電気」の授業の導入として」と組み合わせて展開すると，生徒の知的好奇心をくすぐることにつながるはずである。

◆ 例2：物理基礎「力のつり合い」の研究授業

学習指導要領には，「平面内で働く力のつり合いを中心に扱うこと」と記されている。ここでは，黒板に図を書いて分かりやすく説明する研究授業が多いが，ぜひ，日常生活とのつながりを切り口にした思考を促す次のような実験を取り入れて，生徒の知的好奇心に火を灯すような展開にしたい。

> ▶▶ **実験1　「こぼれない水」**（滝川・吉村，2002より）
> <u>Mission：穴を開けたペットボトルの水がこぼれないように工夫せよ！</u>
> ペットボトルに適当な穴を開け，透明のプラスチックコップを細工して，グルーガンで密着する（図3-4）。水槽内でこのように細工したペットボトルに水を満たし，キャップをしてから取り出す。開けた穴の位置と切り口に被せたプラコップの位置を調整すれば，水がこぼれない状態を作り出すことができる。
> 水がこぼれているペットボトルについては，特に注意して観察し，こぼれない状態のペットボトルと比較して考察するように指示をしておくと効果的である。
>
> 考察が出てきたところを見計らって次の実験を指示する。
> <u>Mission：ペットボトルに千枚通しで2つの穴を開けても，水がこぼれない状態を作り出すことは可能か？</u>
> ペットボトルに水を詰めてキャップをする。次に，千枚通しで穴を開け，水がこぼれる場合とこぼれない場合の穴の大きさの違いについて考えさせる。
> そして，次の質問をぶつける。「水がこぼれない大きさの穴を開けた後，もう1つの穴を開けても水はこぼれなかった。どこに穴を開けたのか？　なぜこぼれないのか？」

図3-4　実験用に細工したペットボトル

この実験に続いて，次の演習に取り組ませると効果的である。

▶▶演習 3　次の設問 1 ～ 3 に答えよ。

図 3-5 のように，断面積 S，高さ L の円筒形のコップを逆さにして水面からゆっくりと水中に沈めた。後の設問 1 ～ 3 に答えよ。

ただし，コップ内の空気は外にもれず，温度は一定に保たれていたものとする。また，大気圧は P_0，重力加速度は g，水の密度を ρ とする。

【設問 1】コップの下端が水面から深さ H の位置にあるとき，コップ内の空気の圧力 P はいくらか。ただし，コップ内の空気は，図 3-5 のようにコップ底（上端）から h の部分にあるものとする。

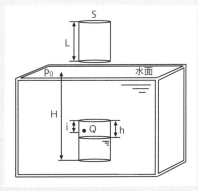

図 3-5　大気圧と水圧

【設問 2】水の密度を求めよ。

【設問 3】図のようにコップ底（上端）から i の部分（点 Q）に，針で小さな穴を開けた。

①コップ内の水面はどうなるのか，詳しく説明せよ。

②そのときの，コップ内の空気の圧力 P' を求めよ。

---

②化学分野

◆例 3：化学基礎「物質量」の研究授業

　学習指導要領には，「モル質量や溶液のモル濃度も扱うこと」と記されている。実習生の中には，モルを総括的に捉え，その全体構造を組み立てることをしていないので，生徒の興味・関心を引く話題が提供できない学生が多い。

　先に示した例 2 と同様に，黒板に図を書いて分かりやすく説明する研究授業が多いが，ぜひ，日常生活とのつながりを切り口にして思考を促すべく，次のように導入して，生徒の知的好奇心に火を灯すような展開にしたい。

▶▶演習 4　授業の導入「清涼飲料水の飲み過ぎに注意！」

500ml ペットボトルのコーラと，あらかじめ計量しておいたグラニュー糖 56g を用意して授業に臨み，「君たちは，コーラなどの清涼飲料水をよく飲んでいるよね。飲んだ後はスカッと爽やかだけど，身体にどのくらいの負担をかけているのか考え

たことがあるだろうか？」と，用意してきたペットボトルのコーラを見せながら話を切り出す。その後の 15 分間の流れを次に示しておく。

- ボトルの裏にある成分表示を見ると，100ml あたり 45kcal とあるので，500ml では 225kcal となる。

↓

- 砂糖 1g は約 4kcal なので，1 本のコーラを飲むことは，何 g の砂糖を食べることと同じか？

↓

- 砂糖の一種，グラニュー糖の成分はほぼ 100％がショ糖であることを伝える。ショ糖の分子式 $C_{12}H_{22}O_{11}$ を示して分子量を計算させ，500ml ペットボトルのコーラが，何モル濃度のショ糖液と同じかを確認させる。

↓

- モル濃度の数値としては小さく，インパクトも小さいので，用意しておいた 56g の砂糖（グラニュー糖）を，順に回し，手に取らせて確認させる。ここで，「こんな量を食べるのは無理だ」という反応が出ればしめたものである。

↓

- 「カロリーオフ」や「カロリー 0」のブームを取り上げて，人工甘味料の話題を付け加える。

◆ 例 4：化学「溶液とその性質」の研究授業

学習指導要領には，「蒸気圧降下，沸点上昇，凝固点降下及び浸透圧を扱うこと。また，コロイド溶液も扱うこと」と記されている。

ここでも，先に示した例 2 と同様に，黒板に図を書いて分かりやすく説明する研究授業が多いが，ぜひ，日常生活とのつながりを切り口にした思考を促す次のような導入実験を取り入れて，生徒の知的好奇心に火を灯すような展開にしたい。

▶▶**実験 2　「溶液の通電性」**（山本，2014 より）
①電極を製作する（図 3-6 左）。
②試験溶液（果汁 100％ジュース，水道水，スポーツドリンク，清酒，焼酎，ワインなど）と，透明のプラカップを準備する。
③プラカップに電極を取り付ける。
④ 6V の直流電圧をかける（図 3-6 右）。
＊必要に応じて電圧を変えて観察してもよい。

使用した溶液の成分表示に注目させる。

実験結果から，溶液中に含まれるイオンの量と気泡の発生量とが比例していることに，生徒が気づいてくれればしめたものである。

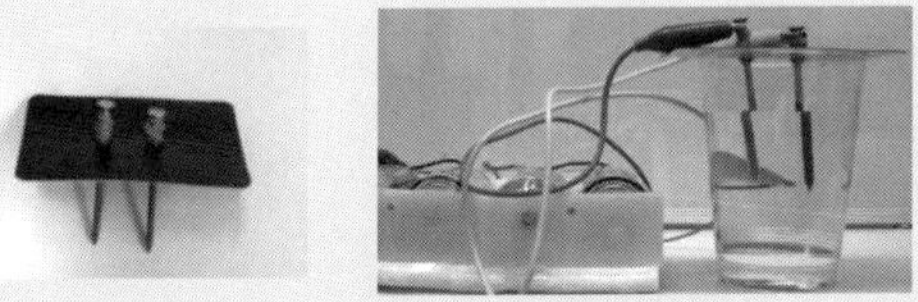

図 3-6　溶液の通電性を調べる実験

◆ 例 5：化学「化学平衡」の研究授業

　学習指導要領には，「『化学平衡の移動』については，ルシャトリエの原理を中心に扱うこと」と記されている。

　平衡定数の計算では，単位の取り扱いを疎かにしていると，平衡定数に〈単位あり〉と〈単位なし〉の違いが出てくることでつまずいている生徒がいることに注意したい。したがって，理科における計算問題で，単位の取り扱いを学び直す最適の教材である。演習問題例については後に示す。

③生物分野

◆ 例 6：生物基礎「生物の体内環境」の研究授業

　学習指導要領（生物基礎「ヒトの体の調節」）には，「血糖濃度の調節機構を取り上げること。その際，身近な疾患の例にも触れること」と記されている。

　実習生の研究授業を参観すると，フィードバック調節の仕組みや糖尿病の症例の説明に終始している学生が多いことに気づく。生物の体内環境維持についての全体像を組み立て，その上で，本時の目標を熟慮するという作業が十分なものになっていないことが大きな要因である。授業の展開例を後に示す。

◆ 例 7：生物「呼吸」の研究授業

　学習指導要領（生物「代謝」）には，「解糖系，クエン酸回路及び電子伝達系に触れること。また，発酵にも触れること」と記されている。

　ここでは，ぜひ，呼吸商を考えさせる実験を取り扱いたい。

　特に，タンパク質を呼吸基質に設定して，呼吸基質とした食品中のタンパク質の質量％を求めさせることで，タンパク質から生じるアンモニアを中和滴定する実験を行って，化学の酸・塩基・中和の学び直しにもつなげたい。実験例，演習問題例については後に示す。

◆ 例 8：生物「光合成」の研究授業

　学習指導要領（生物「代謝」）には，「光化学系，電子伝達系及びカルビン回路に触れること」と記されているが，ここでは，光合成細菌や化学合成細菌をも取り扱うことで，生徒の理解度をより深いものにしていきたい。

　実際の研究授業を見ていると，最もクリーンとされるエネルギーである「水素」に焦点を当て，光合成の本質が，水を光分解してこの「水素」を作り出すことにあり，植物の光合成にヒントを得た人工光合成の分野では，我が国が世界の研究の最先端を行っていることなど，地球環境問題と関連付けた話題を提供する実習生は極めて少ない。

◆ 例 9：生物「遺伝情報の発現」の研究授業

　学習指導要領（生物「遺伝子情報とその発現」）には，「遺伝子の発現の仕組み」については，「転写及び翻訳を扱い，RNA ポリメラーゼとリボソームに触れること。また，スプライシングにも触れること」と記されている。

　ここでは，人工 RNA を用いてリボソームでタンパク質合成させた場合について，ポリペプチドに取り込まれたアミノ酸の割合を通して遺伝暗号を解読させる演習を行いたい。少し難しい内容が含まれるが，「組み合わせ」「確率」を考えさせるのに適した学び直しの教材である。演習問題例については後に示す。

◆ 例 10：生物「動物の発生」の研究授業

　学習指導要領（生物「発生と遺伝子発現」）には，「動物の配偶子形成，受精，卵割，形成体と誘導，細胞分化と形態形成，器官分化の始まりについても触れること」と記されている。

　ここでは，たった 1 個の受精卵が分裂によって細胞数を増やし，約 37 兆個といわれるヒトの身体を形作っていくことに焦点を当てれば，指数・対数計算の最適の学び直しの教材になる。演習問題例については後に示す。

④地学分野

◆ 例 11：地学基礎「地球の形と大きさ」の研究授業

　学習指導要領には，「測定の歴史や方法にも触れること」と記されている。

　ここでは，後に示すような演習によって，単位の変換に関して，学び直しの最適の教材になる。演習問題例については後に示す。

◆ 例 12：地学基礎「地球の熱収支」の研究授業

　学習指導要領には，「内容」の部分に，「地球の熱収支」については，「太陽放射の受熱量と地球放射の放熱量がつり合っていることを理解すること」と記されている。

　太陽の全放射エネルギーを算出させる授業は，桁数の大きな数字の計算スキルの最適の学び直しの教材になり，条件の設定次第では，有効数字の概念の学び直しとして

も最適である。演習問題例については後に示す。

(3) 単元内容についての全体像の構築

　上記例3や例6でも指摘したように，単元の内容をより詳しく，適切に理解するためには，単元内容の全体構造を把握しておくのはもちろんのこと，教科全体にわたるようなテーマについて「自分流の物語」をもっておく必要がある。

　例として，「生命観」を取り上げてみよう。

　生命についての全体構造の組み立てにあたって，次のような切り口が考えられる。

- 生命活動のエネルギー源としての ATP の産生
  呼吸基質　→　消化・分解と非自己成分の認識回避　→　栄養素の吸収　→
  不消化物の排出・代謝による老廃物の排出
- 刺激と反応
- 生体の内部環境の維持
- DNA と遺伝
- 発生と形態形成における DNA
- 食料安全保障問題と遺伝子組み換え
- バイオテクノロジーと生命倫理
- 生態系の保護と環境開発
- 生命の階層性

　ここでは，「生命の階層性」に関して，次に示すような導入問題を使って，生徒の知的好奇心を呼び覚ます展開にしたい。

　▶▶演習5　「生命とは」。このことについて，あなたは，しっかりとした考えをもっているか？
　【設問】次に示す「コケ子」が，生きていると思う場合には○を，死んでいると思う場合には×を記入せよ。
　　①コケ子
　　②首無しコケ子
　　③走っている首無しコケ子
　　④倒れて動かなくなった首無しコケ子
　　⑤倒れて動かなくなったが，心臓が動いている首無しコケ子
　　⑥倒れて動かなくなり，心臓も止まってしまった首無しコケ子
　　⑦倒れて動かなくなり，心臓も止まってしまったが，心臓の細胞を顕微鏡で観察

> 　　すると，拍動しているのが見られた首無しコケ子
>
> 発問にあたって以下のように一工夫すると，より効果的である。
> ❶ニワトリではなく，より親近感を抱かせるべく「コケ子」とする。
> ❷①〜⑦について，早いテンポで次々に読み上げる。
> ❸読み上げたらすぐに○か×かを記入するよう注意しておく。

　ある私立大学での一般教養講座において調査した延べ 114 人の大学生の結果を表3-1 に示す。

　この結果から大きく 2 つのグループに分かれることが確認できる。すなわち，「コケ子」という名前に親近感を覚えると，「動いていることに生命を感じ」取り，死んだコケ子が「生き返る」という，あり得ない結果を出してしまったことに反省をするグループ B がおよそ半数を占めていることに驚く。

　「一度死んだ生物が生き返ることは決してない」，このことに気づいているグループA の中でも正解は 22.8％（26 人）しかいなかった。

　この事例からも，生命観に関する正しい全体像の構築ができていないことが推察できる。

　さらに高等学校理科では，例えば物理基礎，化学基礎等において原子・分子が取り上げられる。それらの各科目で学習される内容を教師がよく理解し，相互の関連を図ることは，原子・分子について発展的，系統的な指導を行うために必要なことである。このことは，例 3 でも指摘しておいたとおりである。

　これらの例だけでなく，小学校から高等学校まで，様々な内容について理科と他教科目との関連を見いだすことができる。そこで，授業を行うにあたって，あらかじめ他教科目において理科と関連する内容を明らかにしておくことは，授業に関する豊富

表 3-1　「コケ子」の生死に関する 7 つの問いの回答

	グループA			グループB					
①	○	○	○	○	○	○	○	○	
②	×	○	○	×	○	○	×	×	
③	×	○	○	○	○	○	○	○	
④	×	×	○	×	○	○	×	○	
⑤	×	×	○	×	○	○	×	×	
⑥	×	×	×	×	○	×	×	×	
⑦	×	×	×	×	×	○	×	×	
	26	1	29	40	9	5	3	1	114（人）
	22.8	0.9	25.4	35.1	7.9	4.4	2.6	0.9	100（%）

な話題をもち，授業に集中させることにつながる。

(4) 授業評価

> 本時の目標 ＝ 授業の山場 ＝ 確認テスト（全生徒が身に付けている）

　本時の目標は，先にも記述したように，その授業の結果，すべての生徒が身に付けている資質や能力である。したがって，授業評価は，本時の目標をすべての生徒が身に付けたかどうかで判断されるべきものと考える。

　そのために，「本時の目標」に沿ってあらかじめ熟慮され選択された良問を「確認テスト」とし，授業の最後に十分な時間を割り振って演習させ，正解できた生徒の割合をその授業の評価とするように展開すれば効果的ではないかと考えている。

　西川（2015）は，高校での AL の例として「学び合い」の授業展開の有効性を唱えている。この方法を参考にして，例えば，生物基礎の生体の内部環境の維持の範囲の「血糖量の調節」の授業で考えてみよう。

　本時の目標は，①血糖量の調節に関わる基礎知識が身に付いた，②フィードバック調節の仕組みについて，理解を深めることができた，とした。そして，その目標達成の確認を，授業の後半 20 分を費やして，目標に即して作成しておいた確認テストに対して，次の（5）に示すような評価基準を設定して行った。

▶▶演習 6　確認テスト

ヒトの血液中には，平常時，約（　　　）％のブドウ糖が含まれている。このブドウ糖は血糖ともいい，その量はほぼ一定に保たれる仕組みになっている。もし，何らかの原因で血糖量が低下したままになると，脳に障害が起こるし，また，逆に高い状態が続くと，糖尿病になり，重症の場合は失明することもある。このように，血糖量を一定に保つことは，生体にとってたいへん重要である。

図 3-7 左は食事の前後の血糖量の変化を示している。同様に，中央はホルモン A，右はホルモン B の血液中の濃度の変化を示している。

【レベル 1】（　　　）に数値を入れ，ホルモン A，B の名称とそれぞれを分泌する内分泌腺の名称，及びホルモン A，B の分泌を促す自律神経の名称を答えよ。ただし，ホルモン B はホルモン A とは別の器官から分泌され，自律神経によって分泌が促されることが分かっている。

【レベル 2】糖尿病の患者にホルモン A を注射すると症状が改善された。このことに気をよくした患者が，その後，自分勝手にホルモン A を注射し続けた。かなりの年月が経ち，もう糖尿病は完治したと判断したこの患者がホルモン A の注射を止めると，どのようなことが生じると予想されるか。その理由とともに説明せよ。

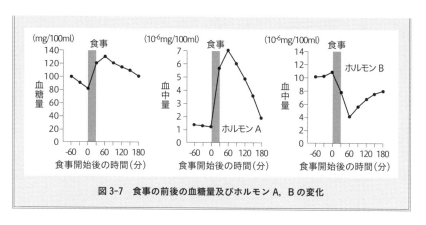

図 3-7　食事の前後の血糖量及びホルモン A, B の変化

(5) 授業評価基準の設定 (生徒全員の達成が条件)

　これらの確認テストでは，レベル 1 に正解できれば〈評価「良」〉，レベル 2 も正しく説明できれば〈評価「優」〉，他は〈評価「可」〉とする。

　ただし，クラス全員がそのレベルに到達することが条件であり，例えば，全員がレベル 2 をクリアしていれば〈評価「優」〉とするが，たとえ 1 人でもレベル 1 にとどまっている生徒がいれば，全員の評価を〈評価「良」〉とするので，先にできた生徒から他の困っている生徒を構ってやることを大いに推奨しておく。また，解答ができた生徒の中から無作為に選んで，前に出させて説明をさせる。このとき，説明できなかったり，説明が不十分であったりした場合には，その生徒の評価のレベルを下げる（＝生徒全員の評価に影響する）ことを，あらかじめ約束しておく。こうすることで，生徒が，理解不十分のまま自分の評価レベルを上の段階に上げるのを予防することができる。

　このように授業評価の基準を設定することで，確認テストの結果が，取りも直さず，その授業の評価と一致することになる。

　実際に，私の教職課程講座「教職特論」（図 3-8）や「教育実習演習」（図 3-9）で

図 3-8　教職特論

図 3-9　教育実習演習

取り入れて実践してみた結果，両図に示すように，受講生の授業への参加態度は格段に積極的になった。

(6) 生徒の問題意識と教師の問題意識

　山路（2005）は次のような指摘をしている。

　　従来から理科の学習活動では，学習者自らによる問題解決活動や探究活動が重視されてきた。しかしそれは，子どもの意識の必然性や必要性を無視して形式的に追求活動としての観察や実験を学習者に行わせることではない。問題を前にして，「不思議だね。どうしてだろう？」と教師が発問しても，学習者自身が真に問題意識を抱かなければ，それは教師が問題を与え，その解決を命令しているのとなんら変わりがないのである。学習者の意識の必然性や必要性を無視した観察や実験は，学習者の主体的な問題解決活動からはほど遠い教師の指示による「作業」にすぎない。したがって，重要なことは，学習者が問題を真に問題としてとらえているかどうか，すなわち学習者の問題意識であり，学習活動の構想においては学習者に問題意識をいかに抱かせるかを工夫しなければならない。

　生徒が問題意識を抱く前提として，授業で提示される「問題」の存在がある。この「問題」こそ，授業の目標に沿って厳しく選び出された「確認テスト」そのものである。そして，目前の生徒たちに相応しい問題を厳選して提示できるかは，教える教師が抱く問題意識にかかっているのである。

　ここで，教師が抱く問題意識に関して，これからの理科教育で重視すべきことについて考えてみたい。

　高等学校学習指導要領の理科の目標には次のように記されている。

　　自然の事物・現象に関わり，理科の見方・考え方を働かせ，見通しをもって観察，実験を行うことなどを通して，自然の事物・現象を科学的に探究するために必要な資質・能力を次のとおり育成することを目指す。
　　(1) 自然の事物・現象についての理解を深め，科学的に探究するために必要な観察，実験などに関する技能を身に付けるようにする。
　　(2) 観察，実験などを行い，科学的に探究する力を養う。
　　(3) 自然の事物・現象に主体的に関わり，科学的に探究しようとする態度を養う。

　森本（2017）は，「主体的・対話的で深い学びの実現」が新学習指導要領での中心テーマであり，理科授業においても深い学びをいかにして展開していくかについて熟慮し

ていく必要があるとして，学習における能動性を保証し，その成果として深い学びを生み出す授業をデザインする視点で考えるとき，「エンゲストロームの指摘する『高い質の知識（high quality knowledge）』に関する指摘は有用である」と述べている。

また，高い質の知識に関して，「理科授業における子どもの自然事象についての理解について，オズボーンとフライバークは make sense ということばで説明した。これは『意味を作る』『腑に落ちる』『ストンと落ちる』等の意味である」とも述べている。

さらに，山崎（2017）は，理科教師に求められることとして，「状況と対話する思考力（reflection-in-action）と，自分の実践を複眼的に省察する力量（reflection-on-action）こそが，教育実践の質を総体的に向上させていく『実践的指導力』の中核だ」と述べている。

これらは，教師側の「生徒とともに常に学び続ける」意識を強調していると考えることができる。そして，その意識の中で，欠かすことのできない要素として**「単元内容についての全体像の構築」**を改めて指摘しておきたい。

高校理科における学習困難な概念の1つにモル概念（物質量概念）がある。私の経験では，1年生で化学を履修しモルを学習した生徒の，モルについての理解度の深さは，2年生以降の文系か理系への選択の試金石になり，乗りこえないと理系に進めないという将来を方向付けるものになってしまっていると，強く感じている。

モルを総括的に捉えることができていないので，研究授業で生徒の興味・関心を引く話題が提供できない実習生が多いと，先に指摘しておいた。ここでは，高校化学のどのような分野に「モル」が使われているかを俯瞰しておくので，授業に向けての全体像の構築に役立ててもらいたい（図 3-10，図 3-11）。

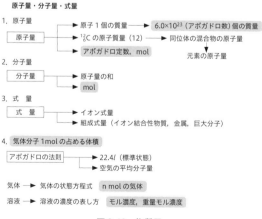

図 3-10 物質量

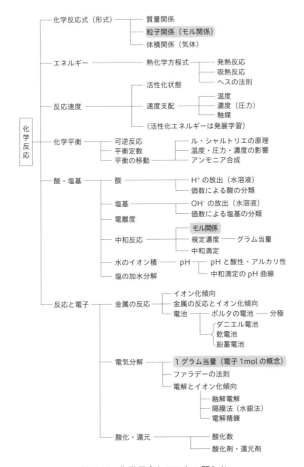

図 3-11　化学反応とモルとの関わり

4．理科と日常をつなぐ

　ヴィゴツキー（Vygotsky, L. S.）は，その著書『思考と言語』の中で，日常生活の中から自然に身に付けた「生活的概念」を，授業を通して計画的に論理性のある「科学的概念」に変換していく必要性があるとして，「科学的概念」が，自覚性と随意性という長所を有しているからであると述べている。

　教科書の内容を学習する上で，生徒は，新しい知識が既習の知識や体験とつながったときには興味をもつ。また，新しい事柄を自分で体験して習得することにより，さらに理解を深めていくことができる。

　ところが，理科を苦手とする文系の生徒たちは，どちらかといえば計算が苦手で，例えば，周期表や化学式などが出てくると，化学を暗記科目に据えてしまう傾向が強く，日常生活と結びつけて考えることにならないようである。

　このように，理科に苦手意識をもっている生徒も，理科の授業に積極的に参加し，主体的に学ぶようにしていくために重要視したい視点が，「授業導入時の指導の重要性」である。

　先の1節2.に記したことの繰り返しになるが，今の生徒を取り巻く環境を考えると，理科の学習の基盤となる自然体験や生活経験が年々減少してきているのに対して，身近に使うスマホや家庭にある電気製品や玩具には高度な技術が使われていて，学習した理科の知識と結びつけることが容易ではない。日常生活の中には，自然科学と切り離して考えることが難しいほど，身の回りにはたくさんの理科の教材があるにもかかわらず，何か特別な仕掛けを作らないと，理科の授業が日常生活と乖離して，ますます理科への関心が低くなっていくという負の循環につながる。

　先にも記したように，教師が抱き続けていくべき問題意識として，その意識の中で，欠かすことのできない要素として**「単元内容についての全体像の構築」**を，再度，ここでも指摘しておきたい。

　森本（2013）は，この「全体像の構築」のイメージを「子どもに常に自らの思考に注意を向けさせ，その考え方が変換していく状況を自覚させるとき，はじめて，彼らは科学的概念がどのような状況で使用できるのかを理解することができる」と述べている。

5．学習の遅れがちな生徒などへの配慮

(1) 学習指導要領に明記されている

　高等学校学習指導要領（平成30年3月告示）では，第1章総則の第5款が「生徒の発達の支援」と具体的な表記に改められ，その1の(6)に，「学習の遅れがちな生徒などについては，各教科・科目等の選択，その内容の取扱いなどについて必要な配慮を行い，生徒の実態に応じ，例えば義務教育段階の学習内容の確実な定着を図るための指導を適宜取り入れるなど，指導内容や指導方法を工夫すること」との記述があることは先に述べたとおりである。

　そして，このことを強く意識した授業展開を考えていかなければならないことはいうまでもないことである。

　学校教育法第二章第十六条に，「保護者（子に対して親権を行う者（親権を行う者のないときは，未成年後見人）をいう。以下同じ。）は，次条に定めるところにより，子に九年の普通教育を受けさせる義務を負う」とあり，第十七条には，「保護者は，

子の満六歳に達した日の翌日以後における最初の学年の初めから，満十二歳に達した日の属する学年の終わりまで，これを小学校，義務教育学校の前期課程又は特別支援学校の小学部に就学させる義務を負う」「保護者は，子が小学校の課程，義務教育学校の前期課程又は特別支援学校の小学部の課程を修了した日の翌日以後における最初の学年の初めから，満十五歳に達した日の属する学年の終わりまで，これを中学校，義務教育学校の後期課程，中等教育学校の前期課程又は特別支援学校の中学部に就学させる義務を負う」と定められている。

　このことから，義務教育を受ける年齢が小学校 6 年間と中学校 3 年間の合計 9 年間で，我が国の義務教育というのはいわゆる「年齢主義」を採用しており，前述の 9 年間を経過し中学校を卒業する年齢に達した場合は義務教育が自動的に修了することとなっている。さらに，年齢主義ということで，不十分な学力しか身に付いていない場合でも留年することがなく，小学校から中学校へ，また，中学校から高等学校へと入学してくるという可能性も多分に起こりうる。図 3-12 に示すように，愛知県では高校への進学率が約 99％，大学への進学率が 58％に達していることからも，「学習面でのつまずき」を抱えたまま入学してきている高校生や大学生が少なからず在籍しているものと考えられる。

　高校現場の教師も次のように発言している。

　　数学をきちんと勉強させなければとは思うのですが，多くの生徒が小・中学校の段階でつまずいたままの状態でいて，小数や分数の計算すらままならない生徒もいるのです。(愛知県　高校 T 教諭)

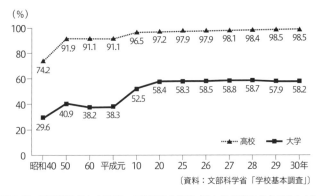

〔資料：文部科学省「学校基本調査」〕

図 3-12　高等学校等と大学等への進学率の推移 (愛知県教育委員会 HP より)

生徒は〈分からない〉を積み重ね続けてきており，自分がどこでつまずいているのかさえ把握できなくなっているのです。（岐阜県　高校 H 教諭）

理科教師は本来的に理科が好きであったわけですから，理科でつまずいた経験はほとんどないので，生徒のつまずきに気付きにくい。だから，つまずいている生徒を後回しにして授業を先に進めてしまう教師も多いのが現状です。（三重県　高校 N 教諭）

学習の遅れがちな生徒などへの配慮は，単に，個々の教師の努力の段階をこえて，自治体レベルでも始まっている。基礎的な学力を身に付けることを目的とした高校を「エンカレッジスクール」（東京都）や「エンパワメントスクール」（大阪府）に指定して，義務教育内容の「学び直し」に焦点を当てた授業を展開する取り組みが進んでいる。

(2)「学び直し」の要素を取り入れた授業展開

普段の理科の授業において，目の前にいる「生徒のつまずきに応じた学び直し」の要素を取り入れた授業展開の工夫が必要である。さらに，このことは，教師を目指す「学生自身の学び直し」としても必須であることを指摘しておきたい。先の 3.（6）「生徒の問題意識と教師の問題意識」でも記しておいたように，高い質の授業を展開するには，その知識について，教える側が腑に落ちるところまで理解していなければならないことはいうまでもないことである。ここでは，先に 3. の（2）で記した例 1, 5, 7, 9 ～ 12 について，その授業の導入や授業中の演習問題についての具体例をあげて説明していく。

①物理分野

◆ 例 1：物理基礎「電気」の授業の導入として

> ▶▶演習 7 ／実験 3　導入問題「電流の大きさを比較せよ」
> 近代電気学史研究所の高野が，日本理科教育学会全国大会で興味深い口頭発表をされたのでここに引用したい。
> 【設問】図 3-13 のように乾電池に豆球をつないだところ，どちらも同じ明るさになった。A，B の回路に流れるそれぞれの電流を比較せよ。
>
> この演習問題について，生徒は，基本的にオームの法則と電力（W）の公式を用いて，問題なく解答できるはずである。

生徒が解答したことを確認したら，次に，注意深さを要求する実験を提示する。この実験に先立って，生徒の知的好奇心を引き出すために，図 3-14 に示す予備演習をさせ，ア〜オの豆球（ここでは，同じ規格の豆球を使う）の明るさを予測させておくと効果的なはずである。

あらかじめ規格の異なる（これを知らせずに）豆球を図 3-15 のように多数用意しておき，「設問そのものが正しいのかどうか」を確認させるのである。

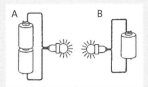

図 3-13　回路 A, B

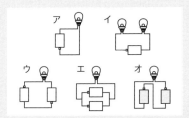

図 3-14　同じ規格の豆球を使った予備演習

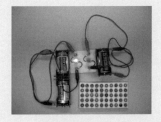

図 3-15　異なる規格の豆球を使った実験

両方の明るさは，図 3-15 に示すように，そう簡単には同じにはならないので，ザワついてきたところで「虫眼鏡」を提示して，「これを使ってもよい」と，さりげなくヒントを与えると，豆球の規格の違いに気づく生徒が出てくるはずである。

②化学分野

◆例 5：化学「化学平衡」の授業での演習問題として

　平衡定数の計算で単位の取り扱いを疎かにしていると，平衡定数に〈単位あり〉と〈単位なし〉の違いが出てくることでつまずいている生徒がいることに注意しよう。したがって，次に示すような計算問題は，単位の取り扱いを学び直す最適な教材である。

> ▶ ▶ 演習 8　平衡定数の演習問題

次に示す仮想の化学反応について，反応の濃度平衡定数 K を求めよ。

【設問1】A + 2B ⇄ 2C という可逆反応が平衡状態に達したとき，次のようになった。
　　[A] = 2.00 〔mol/L〕, [B] = 1.00 〔mol/L〕, [C] = 2.00 〔mol/L〕

【設問2】2A + B ⇄ 3C という可逆反応が平衡状態に達したとき，次のようになった。
　　[A] = 1.00 〔mol/L〕, [B] = 1.00 〔mol/L〕, [C] = 2.00 〔mol/L〕

【設問3】A + 2B ⇄ 3C という可逆反応が平衡状態に達したとき，次のようになった。
　　[A] = 3.00 〔mol/L〕, [B] = 1.50 〔mol/L〕, [C] = 3.00 〔mol/L〕

【設問4】A + B ⇄ 2C という可逆反応が平衡状態に達したとき，次のようになった。
　　[A] = 2.50 〔mol/L〕, [B] = 1.00 〔mol/L〕, [C] = 2.50 〔mol/L〕

【設問5】3A + 2B ⇄ 2C という可逆反応が平衡状態に達したとき，次のようになった。
　　[A] = 2.00 〔mol/L〕, [B] = 1.00 〔mol/L〕, [C] = 2.40 〔mol/L〕

設問 1 は 2.00 〔L/mol〕，設問 5 は 0.500 〔L^3/mol^3〕と単位がつくが，設問 2 は 8.00，設問 3 は 4.00，設問 4 は 2.50 と単位がつかない。

③生物分野

◆ 例 7：生物「呼吸」の授業での実験及び演習問題として

ここでは，ぜひ，呼吸商を考えさせる実験を取り扱いたい。

後に示すように，タンパク質を呼吸基質に設定して，呼吸基質とした食品中のタンパク質の質量％を求めさせることで，タンパク質から生じるアンモニアを中和滴定する実験を行って，化学の酸・塩基・中和の学び直しにもつなげたい。

> ▶ ▶ 演習 9／実験 4　呼吸商を考えさせる実験・演習問題

X，Y の実験（図 3-16）は，容器内の温度を一定に保つために，容器を恒温水槽に浸して実施する。呼吸商は排出した CO_2 と吸収した O_2 の体積比であるから，色のついた水滴が a 側に移動すれば呼吸商は負，b 側に移動すれば正であることを確認しておく。

次に実験 Y を表 3-2 に示すような組み合わせで行い，その結果を考察させるための演習問題を提示する。

【設問1】表 3-2 に示した実験 Y の結果が，図 3-17 の A ～ D のいずれかのグラフのようになった。① -1 ～② -2 はそれぞれ A ～ D のどの結果になったか。また，理由を説明せよ。

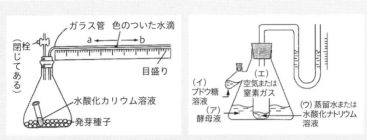

図 3-16　実験 X（左），実験 Y（右）

表 3-2　実験 Y の液体・気体の組み合わせ

	① -1	① -2	② -1	② -2
（イ）の液体	ブドウ糖溶液	ブドウ糖溶液	ブドウ糖溶液	ブドウ糖溶液
（ウ）の液体	蒸留水	NaOH 溶液	蒸留水	NaOH 溶液
（エ）の気体	空　気	空　気	窒　素	窒　素

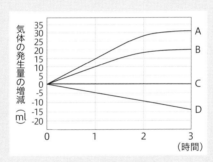

図 3-17　実験 B の結果

【設問 2】グラフ A，B が最終的に水平になった理由を次の（ア）〜（エ）からそれぞれ選べ。
（ア）フラスコ内の酸素がなくなり，呼吸が停止したため。
（イ）ブドウ糖が消費されたため。
（ウ）アルコール発酵が行われなくなり，呼吸のみが行われるようになったため。
（エ）呼吸とアルコール発酵が同程度行われるようになったため。

これらの実験結果を踏まえて，呼吸基質としてタンパク質が使われた場合の呼吸商を求めさせる演習問題を使うと，次に示すように，化学の中和滴定の学び直しにもつなげることができる。

▶▶演習 10　呼吸基質としてタンパク質が使われた場合の呼吸商

呼吸基質としてトリパルミチン（$C_{51}H_{98}O_6$）が呼吸に使われた場合，呼吸商はいくらになるか。小数第 2 位まで求めよ。

この演習に続いて，タンパク質を呼吸基質に設定して，呼吸基質として日常よく目にする食品中のタンパク質の質量％を求めさせたい。タンパク質から生じるアンモニアを中和滴定する実験（例えば，ケルダール法など）を行うことで，化学の酸・塩基・中和の学び直しの最適の教材になるからである。

▶▶演習 11　食品中のタンパク質の質量％

大豆中のタンパク質の質量％を求めるため，大豆 1.0g を完全に分解して，タンパク質中の窒素をすべてアンモニアに変え，発生したアンモニアを 0.0050mol/L の希硫酸で中和したところ，32ml 要した。この大豆中のタンパク質の質量は何％か。ただし，タンパク質は 16％の窒素を含み，大豆中の窒素はタンパク質以外には含まれていないものと仮定する。また，原子量は，H = 1.0，C = 12，N = 14，O = 16 として計算せよ。

◆例 9：生物「遺伝情報の発現」の授業で，「組み合わせ」「確率」の学び直しとして

　ここでは，人工 RNA を用いてリボソームでタンパク質合成させた場合について，ポリペプチドに取り込まれたアミノ酸の割合を通して遺伝暗号を解読させる演習を行いたい。少し難しい内容が含まれるが，「組み合わせ」「確率」を考えさせるのに適した学び直しの教材である。

▶▶演習 12　遺伝暗号の解読

U：A = 8：1 の混合ポリヌクレオチドを伝令 RNA（mRNA）の代わりに試験管内のタンパク質合成系に加えて，ポリペプチドに取り込まれたアミノ酸の量を測定した。その結果を，最大量を 100 として相対値で示すと次のようであった。

フェニルアラニン：100，チロシン：12，イソロイシン：14，ロイシン：12，アスパラギン：1.6，リシン：0.2

この数値について，理論値に近い結果が得られているものとする。このことを踏まえて，次に示す遺伝暗号表（表 3-3）をもとに設問に答えよ。

【設問】C と U を C：U = 5：1 の比率で含む人工 mRNA を合成し，それを用いてタンパク質合成を行わせると，どのようなアミノ酸がどんな比率で取り込まれるか。

表3-3　遺伝暗号表

1番目の塩基 (5'末端側)	2番目の塩基				3番目の塩基 (3'末端側)
	U	C	A	G	
U	UUU UUC $\}$ フェニルアラニン UUA UUG $\}$ ロイシン	UCU UCC UCA UCG $\}$ セリン	UAU UAC $\}$ チロシン UAA UAG $\}$ 停止	UGU UGC $\}$ システイン UGA 停止 UGG トリプトファン	U C A G
C	CUU CUC CUA CUG $\}$ ロイシン	CCU CCC CCA CCG $\}$ プロリン	CAU CAC $\}$ ヒスチジン CAA CAG $\}$ グルタミン	CGU CGC CGA CGG $\}$ アルギニン	U C A G
A	AUU AUC AUA $\}$ イソロイシン AUG メチオニン	ACU ACC ACA ACG $\}$ スレオニン	AAU AAC $\}$ アスパラギン AAA AAG $\}$ リジン	AGU AGC $\}$ セリン AGA AGG $\}$ アルギニン	U C A G
G	GUU GUC GUA GUG $\}$ バリン	GCU GCC GCA GCG $\}$ アラニン	GAU GAC $\}$ アスパラギン酸 GAA GAG $\}$ グルタミン酸	GGU GGC GGA GGG $\}$ グリシン	U C A G

◆ **例 10　生物「動物の発生」の授業で，指数・対数計算の学び直しとして**

　たった 1 個の卵細胞が分裂によって細胞数を増やし，約 37 兆個といわれるヒトの身体を形作っていくことに着目すれば，指数・対数計算の最適の学び直しの教材になる。

▶ ▶ **演習 13　卵割と体細胞分裂の特徴**

ヒトの受精卵は直径 0.1mm，3×10^{-6}g である。この 1 個の卵細胞が分裂を繰り返し，膨大な数の体細胞になる。大人の身体は約 37 兆個の体細胞からできているといわれている。$\pi = 3.14$ とし，体細胞間に隙間がないものと考えて，次の設問に答えよ。

【設問 1】文中下線部の分裂が，体細胞分裂と同じ仕組みによるものとすると，大人の身体の体積は，何 m³ になっているはずか？　また，大人の身体の体重は，何 kg になっているはずか？

【設問 2】設問 1 の計算結果と現実とを比較して，細胞分裂についてどのようなことが推論されるか？

【設問 3】ヒトの卵細胞が，病原菌と同じように，平均して 20 分に 1 回の割合で一斉に分裂すると考えると，37 兆個になるのに何時間かかるか？　なお，$\log_{10} 2 = 0.30$ とする。

④地学分野

◆ 例11　地学基礎「地球の形と大きさ」の授業で，単位の変換に関する学び直しとして

次のような演習によって，単位の変換に関する学び直しの最適な教材になる。

▶▶演習14　地球の大きさ

【設問1】ギリシャのエラトステネスは，
エジプトのシエネとアレクサンドリアが
ほぼ同じ経度にあることを利用して，次
のように地球の大きさを算出した。

夏至の日に，アレクサンドリアのほぼ真
南にあるシエネでは，太陽が真上に来る。
夏至の日に，アレクサンドリアで日時計
の柱の影の長さを測り，図 3-18 に示し
た角度 θ の値 7.5° を得た。

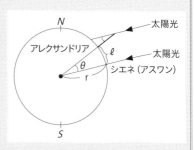

図 3-18　エラトステネスによる地球の
大きさの算出

アレクサンドリア～シエネ間の距離 ℓ
km，地球の半径を rkm，円周率を π と
して，r を求める式を作れ。

【設問2】千葉県銚子市と青森県青森市とはほぼ同一経度上にあり，緯度はそれぞれ，
北緯 35° 44' と北緯 40° 49' である。両市の距離を 565km として，地球（完全
な球体とする）の半径を求めよ。π = 3.14 とする。

◆ 例12　地学基礎「地球の熱収支」の授業で，有効数字の概念の学び直しとして

太陽の全放射エネルギーを算出させる授業は，桁数の大きな数字の計算スキルの最
適の学び直しになり，条件の設定次第では，有効数字の概念の学び直しとしても最適
の教材になる。

▶▶演習15　太陽定数と太陽のエネルギー放射

地球上において，物質は循環（＝繰り返し利用）しているが，エネルギーは流れて
いる（＝宇宙空間へ放出されて消失する）。我々が利用しているエネルギーの源は
太陽である。地球の大気圏外で太陽に垂直な 1m² の面が，1 秒間に受け取るエネ
ルギーは，1.37×10^3（$J \cdot m^{-2} \cdot s^{-1}$）で，これを太陽定数という。そのうち，地
表まで到達する太陽エネルギーについて考えてみる。

まず，地球が受け止めている太陽エネルギーは地球の断面積である。地球の半径を
r とすると，断面積は πr^2 である。なお，1（$J \cdot m^{-2} \cdot s^{-1}$）= 1（$W \cdot s^{-1}$）である。
地球と太陽との距離は 1 億 5000 万 km，地球の半径は 6400km，π = 3.14 として，

> 【設問 1】太陽の全放射エネルギーが何ワット（W）になるのか，算出せよ。
> 【設問 2】地球上で我々が受け取っているのは，全放射エネルギーの何％か。

　ここで，まとめとして，学び直しを意識した授業改善のための重要な視点を提示しておく。

- 授業範囲である単元の全体構造を，自分なりに組み立てる。
- 授業にあたって，その全体構造の中から，目の前の生徒に合わせて，本時の目標を厳選する。そのために，日頃から生徒を構っておく。
- 本時の目標を全員に達成させることを念頭に，生徒の活動場面を設定した授業展開を工夫する。
- 生徒の活動場面では，可能な限り，生徒どうしで学び合う時間を授業展開に取り込む。
- 本時の目標が全員の生徒で達成できているかを，授業の評価基準とする。

3 節　理科における実験・観察授業での安全管理と時間管理

　理科授業には，観察，実験，観測，飼育・栽培，現地研修など多彩な授業活動がある。そして，教室での座学と違って，生徒はこの活動の時間を期待している。教室での座学と違う雰囲気であるからこそ，残念ながら，このような活動において，不幸にして事故が繰り返し起きてきている。

　事故につながらないように，授業者が細心の注意を払いつつ，生徒が生き生きと主体的に参加し活動できるようにすることが，理科教師に課せられた責務でもある。

　実験授業などの活動においては，一般にいわれるように，「3 つの安全管理」に十分留意して準備を周到にしておくことが肝要である。

- 生徒の活動環境から危険な要素を予測して取り除いておくなど，常に環境を安全な状態に保つ安全管理
- 事故を未然に防ぐためにも，知識，操作方法，器具の取り扱い上のスキル，態度等について指示・注意する場合は，実験・活動に先立って，あるいは，実験・活動中であっても，全員に集中を確認してから行うという安全管理
- 事故が起こったときの，生徒の身の安全管理

　残念ながら，事故は十分注意していても起こりうる。ここで，科学部の部活動を例にして，事故が起こってしまった場合，理科教師としてどのように対処すべきかを考えてみよう。

> **▶▶演習 16　部活動中の事故（保護者への対応についても考える）**
> 授業後，科学部の生徒が，部顧問から禁止されている化学実験を行っていたところ，突然試験管が暴発し，その場にいた生徒数名が負傷した。理科教師であり科学部の顧問でもあるあなたは，どのように対処すべきか。

　さらに付け加えれば，上にも記したように，生徒は実験・活動の授業を期待し，教室での座学と違う雰囲気であるからこそ，「時間管理」にも十分に注意させたい。すなわち，浮かれた気持ちで遅れて入室する生徒，夢中になって次の時間に遅れてしまう生徒が出るとすれば，それは理科教師の責任であるという認識が必要である。

4 節　まとめにかえて

　学習指導要領には，指導の目標や内容が指示されているが，学習活動を具体的にどのように展開するかという細かなことまで示されているわけではない。教科書についても，具体的な学習活動に沿って学習内容が示されているが，あくまで標準的な一例である。授業内容を組み立て，授業展開を工夫することは，基本的に教師の創意・工夫に委ねられている。

　では，「どうしたらよいのか」？　これが，本章の冒頭に記したように，教育実習を控えた学生たちの会話につながっている。

　これまで，授業の方法論についてできる限り詳しく記してきたが，授業内容を組み立て，授業展開を工夫することは，教師の創意・工夫に委ねられているのだから，教師自身が，目の前にいる生徒たちに対して「熱き心」をもっているか否かにかかっているといっても過言ではない。

　先に記した石川県の高校教諭　前田（2011）も次のように述べている。

　　教師が用意した正解を探す授業からの脱却を目指した結果，私の経験不足のため授業がうまくいかないこともあります。授業で取り上げるテーマについて，私が十分勉強し多面的に理解していないと，生徒の意見をくみ取って授業を展開す

ることが出来ないからです。だから，授業の準備も様変わりしました。机の上での教材研究だけでなく，普段の生活の中で社会問題などに対して「自分ならどう考えるか」を自問することが多くなったと思います。教科の知識以上に，一人の人間としていろいろな経験をすることが授業で生きてくるのだと実感しています。

　生徒の興味・関心を引き出し，その知的好奇心に火を灯すのは，取りも直さず，「人としてのあなた自身」なのである。

5 節　演習の解答例

▶▶ **演習 3**

【設問 1】気圧 P_0，体積 S × L の空気が，コップを沈めることで，体積 S × h の中に閉じ込められたのだから，ボイルの法則より，

$$P_0 \times SL = P \times Sh$$

$$\therefore P = \frac{L \times P_0}{h}$$

【設問 2】深さが同じならかかる水圧も同じだから，水槽に沈めたコップ内の空気と水の境界面での圧力（下向きを正とする）でつり合いを考える。

$$P \times S = P_0 \times S + S \times (H - L + h)\rho g$$

$$\therefore \rho = \frac{(L - h)P_0}{h(H - L + h)g}$$

【設問 3】

①点 Q における水圧がコップ内の空気と水の境界面での水圧より低いので，圧力の差から，コップ内の空気が点 Q に開けた穴から気泡となって抜け出る。コップ内の水面は点 Q まで上昇する。

②点 Q まで上昇した水面で，水圧とコップ内に残った空気の圧力とのつり合いを考える。

$$P' \times S = P_0 \times S + \rho \times S(H - L + i)g$$

$$\therefore P' = \frac{\{(h + L)(h - L - i) + LH\}P_0}{h(H - L + h)}$$

▶▶ **演習 4**

1 本（500ml）のコーラのもつカロリーを砂糖に換算すると，約 56g。

ショ糖の分子量が 342 だから，砂糖 56g を 1L の水に溶かすと，約 0.16 モル濃度。

▶▶**演習 6**

【レベル 1】（　　）は 0.1

ホルモン A は，インスリン，副交感神経

ホルモン B は，グルカゴン，交感神経

【レベル 2】かなりの年月，自分勝手にホルモン A を注射し続けたことにより，脳下垂体の血糖中枢では常に高血糖の血液を感知することがなくなる。その結果，副交感神経を通して膵臓のランゲルハンス島 B 細胞が長期間刺激を受けない状態になり，B 細胞は次第にホルモン A を生産する能力を低下させていき，ついにはホルモン A をほとんど生産しなくなる。血糖値を下げるのはホルモン A に依存しているので，この状態で，ホルモン A の注射を止めると，急に高血糖状態になり，しかもそれを下げることができなくなってしまう。

▶▶**演習 7**

乾電池 1 個の電圧を E，回路 A に流れる電流を I_A，回路 B に流れる電流を I_B とする。豆球の明るさは，つまり電力（W）は電流（I）と電圧（V）の積（$W = I \times V$）で求まるから，

$I_A \times 2E = I_B \times E$

∴ $2I_A = I_B$

となって，回路 B に流れる電流の方が大きい。

▶▶**演習 9**

【設問 1】

①-1：B，①-2：D，②-1：A，②-2：C

（理由）酸素のある状態の①は呼吸が行われており，①-2 では酸素吸収量の分だけ気体が減少し，D のグラフになる。酸素のない状態の②はアルコール発酵のみが行われている。

②-2 はアルコール発酵で生じた CO_2 が NaOH に吸収されるので，結果的に気体の増減はなく，C のグラフになる。

②-1 ではアルコール発酵で生じた CO_2 の分だけ気体が増加するので，グラフは A または B となる。

ここで，もし①で呼吸のみが行われているのなら，呼吸基質がブドウ糖なので，呼吸で吸収した O_2 と同量の CO_2 が放出され，結果的に気体の増減はなく，グラフは C になるはずであるが，C は②-2 のときなので，①では呼吸とアルコール発酵の両方を行っていたと判断しなければならない。

したがって，①-1 ではアルコール発酵で生じた CO_2 の分だけ気体が増加するので，グラフは A あるいは B になるはずである。

ところで，②の場合はアルコール発酵のみしか行われていないので，呼吸も行っている場合に比べてブドウ糖の分解量は多いはずであるから，CO_2 発生量の多い A がアルコール発酵のみの②-1 と判断できる。

【設問 2】A：（イ），B：（ウ）

▶▶ 演習 10

トリパルミチンが呼吸基質の場合，

$$2C_{51}H_{98}O_6 + 151O_2 \rightarrow 102CO_2 + 98H_2O$$

となるから，

$$\frac{CO_2}{O_2} \fallingdotseq 0.68$$

となる。

▶▶ 演習 11

求めるタンパク質の質量％を P％とおくと，大豆 1g に含まれる窒素の量は

$$0.01P \times 0.16 = 1.6 \times 10^{-3}P \ [g]$$

となる。

窒素をアンモニアに変えたときのアンモニアの物質量は

$$\frac{2 \times 1.6 \times 10^{-3}P}{28} = 1.14 \times 10^{-4}P$$

となる。

ところで，アンモニアを希硫酸で中和するときの化学反応式は，

$$2NH_3 + H_2SO_4 \rightarrow (NH_4)SO_4$$

だから，その中和の関係は 2：1，したがって，

$$2 : 1 = 1.14 \times 10^{-4}P : 0.05 \times 32 \times 10^{-3}$$

となる。

$$\therefore P = 28\%$$

▶▶ 演習 12

【設問】C と U が 5：1 で含まれているので，最も確率の高いのは CCC で $\left(\frac{5}{6}\right)^3$，次が CCU，CUC，UCC で各 $\left(\frac{5}{6}\right)^2 \times \left(\frac{1}{6}\right)$。以下，順に，CUU，UCU，UUC が

$\left(\frac{5}{6}\right) \times \left(\frac{1}{6}\right)^2$，UUU が $\left(\frac{1}{6}\right)^3$ となる。ここで，遺伝暗号表からアミノ酸を特定して比率を求めると，

　　プロリン：ロイシン：セリン：フェニルアラニン＝150：30：30：5

となる。

　　∴　30：6：6：1

▶▶演習 13

【設問 1】細胞 1 個の体積は，

$$\frac{4}{3} \times \pi \times \left(\frac{0.05}{1000}\right)^3 (\text{m}^3)$$

これの 37 兆倍ということになる。

　　∴　約 19.4m^3

また，細胞 1 個の質量は，3×10^{-9}（kg）だから，これの 37 兆倍ということになる。

　　∴　111 × 10^{3}kg

【設問 2】成人の体積を平均 60kg とすると，その体積は約 56L といわれているので，設問 1 の結果からは大きくかけ離れている。これは，卵細胞の分裂を体細胞分裂と同じ仕組み，つまり，1 回の分裂で 2 個の細胞（体積・質量ともに 2 倍）になると考えたのが間違っていることを示している。実際には，卵細胞の分裂は卵割といい，1 回の分裂で細胞の数は 2 倍になるが，体積は半分のままである。この卵割をある時点まで繰り返し，後に体細胞分裂を行っていると考えられる。

さらに，卵割では，初期にはすべての割球が同期して一斉に卵割するが，この一斉に分裂することがいつまでも続いているとは考えられない。

【設問 3】37 兆個になるのに T 時間かかるとすると，その間に 3T 回分裂する。したがって，

　　$2^{3T} = 37 \times 10^{12}$

が成り立つ。ここで，両辺の常用対数をとって，

　　$\log_{10} 2^{3T} = \log_{10} (3.7 \times 10^{13})$

これを解いて，T ≒ 14.4 時間

▶▶演習 14

【設問 1】$360° : 2 \pi r = \theta : \ell$ だから，$r = \dfrac{\ell \times 24}{\pi}$

【設問 2】$360° : 2 \times 3.14 \times r = (40°49' - 35°44') : 565$

これを解いて，r ≒ 6.37 × 10^{3}km

▶▶ **演習 15**

【設問 1】太陽定数に相当するエネルギーを太陽－地球間を半径とする球の表面積で
受け取っていると考えて，太陽の全放射エネルギーは，

$1.37 \times 10^3 \times 4\pi\ (1.5 \times 10^8 \times 10^3)^2$

∴ 約 5.8×10^{26}（W）

【設問 2】地球が受け取っている太陽エネルギーは，（太陽定数×地球の断面積）に相
当する部分であるので，4.6×10^{-8}（％）となる。

▶▶ **演習 16**

まずは，負傷した生徒の救護活動が第一である。それとともに，さらなる暴発が起こ
らないように安全確保に努めることである。

負傷した生徒が数名いることから，他の生徒に養護教諭を呼びに行かせ（負傷の程度
によっては救急車を手配する），職員室にも行かせて応援を要請する。

- 現場の後片付けをする。
- 残っているように指示しておいた生徒から状況を聴取する。
- 管理職に報告する。
- 保護者に連絡をとって，生徒を帰宅させる。

ところで，後日，保護者が学校側の責任を求めて来校することも十分考えられる。その際，必ず話題になるのが「日頃からの指導の様子」である。当然，「活動の計画性」「指導方法」とともに，「顧問が活動場所にいたかどうか」が確認されていくことになる。

4章　数学科指導の理念とその実現

1節　数学教員に求められる態度

　みなさんの中には，例えば，自身が中高生の頃"数学が得意だった"ので，改めて数学科の指導法について学ぶ必要はないと思っている人はいないだろうか。計算スピードもそれなりに速くて，友人から数学の質問を受けたり後輩に教えたりする機会も多かったし，大学生になってからはアルバイトで数学を教えているので，すぐにでも数学科の教員として働き始めることができると思っている人はいないだろうか。

　筆者が高等学校の現職教員だった頃，ある生徒から，「分数÷分数の計算は，

$$\frac{4}{9} \div \frac{2}{3} = \frac{4 \div 2}{9 \div 3} = \frac{2}{3}$$

のように計算してもいいですよね」という趣旨の質問を受けた経験がある。みなさんなら，この質問に対してどのように回答するだろうか。「それは間違った方法だよ」「ひっくり返してかけるのが正しい方法だよ」と回答してしまう人はいないだろうか。詳細についてここでは述べないが，この方法は，数学的には何の矛盾もない正しい方法である。余りが生じる場合を指摘して正しくない方法だと主張する人がいるかもしれないが，その場合は適切に通分することで上記の方法の正しさが確認できる。

　この質問は，小学校算数科の内容に関わるものではあるが，中高生からはもちろん，大学生から受けることもあるよく知られた質問である。これに関して，杉山吉茂氏(愛知学芸大学出身，東京学芸大学名誉教授) は，初めからこのような計算方法を否定して「子どもの考えをつぶす」のではなく，「子どもの考えを生かす」ことのできる教員を目指すべきだと主張している（杉山，2009，pp.50-51）。この主張は，数学教員に求められる態度を的確に言い表している。それは，数学的な知識や手続きを理解しそれが正しいことを生徒たちに明確に説明できることは当然であるが，さらにその上のレベル，すなわち，生徒たちなりに発見したり創造したりするための姿勢を育成しようとする態度である。

　このような理想的な数学教員に近づくためには，ただ計算ができればよいという類の表面的な知識や技能を身に付けることに留まることなく，それらの背景にある数学的な見方・考え方を伴う十分な数学力を身に付けようとすることが必要である。と同時に，数学が計算技術やパターンに関する知識の寄せ集めではなく，相互に関連付い

た知識の集合体であること，さらには，先人たちが創り上げてきた人類の英知であり，今後も発展的に創造されていくべきものであるという認識をもつ必要もある。中・高等学校で学ぶ数学について，より深く考察するための能力と態度を教員自身が身に付けた上で，生徒たちの考えをも生かして創造的に考え続けることが，新しい時代の数学教員には求められている。

2節　「三つの柱」で再整理された数学科の目標

数学教員に上記のような能力や態度がこれまで以上に強く求められていることは，新しく示された学習指導要領で数学科に関する記述がどのように修正されたのかを確認すれば，より鮮明になる。ここでは一例として，平成 20 年及び平成 29 年の中学校数学科の目標をそれぞれ併記して，どのように修正されたのかを見てみよう。

○中学校学習指導要領（平成 20 年）での数学科の目標
　数学的活動を通して，数量や図形などに関する基礎的な概念や原理・法則についての理解を深め，数学的な表現や処理の仕方を習得し，事象を数理的に考察し表現する能力を高めるとともに，数学的活動の楽しさや数学のよさを実感し，それらを活用して考えたり判断したりしようとする態度を育てる。

（例えば，文部科学省，2008，p.14）

○中学校学習指導要領（平成 29 年）での数学科の目標
　数学的な見方・考え方を働かせ，数学的な活動を通して，数学的に考える資質・能力を次のとおり育成することを目指す。
(1) 数量や図形などについての基礎的な概念や原理・法則などを理解するとともに，事象を数学化したり，数学的に解釈したり，数学的に表現・処理したりする技能を身に付けるようにする。
(2) 数学を活用して事象を論理的に考察する力，数量や図形などの性質を見いだし統合的・発展的に考察する力，数学的な表現を用いて事象を簡潔・明瞭・的確に表現する力を養う。
(3) 数学的活動の楽しさや数学のよさを実感して粘り強く考え，数学を生活や学習に生かそうとする態度，問題解決の過程を振り返って評価・改善しようとする態度を養う。

（例えば，文部科学省，2018，p.20）

比較してすぐに気づくことは，目標が 3 つの項目による分析的な記述に変更されていることである。と同時に，その内容をじっくり丁寧に読めば，その趣旨に大きな変更がないことにも気づくだろう。粗くいえば，これまで目標記述の行間に埋め込まれていた趣旨をも顕在化し，より分かりやすい記述に再整理されたといえる。以下では，

この変更に関連する議論や事柄について簡単にまとめる。詳細は，清水（2009），文部科学省（2016a，2016b，2019b）などで確認してほしい。

1．知識基盤社会に対応する資質・能力の具現化

　今世紀は，新しい知識・情報・技術が政治・経済・文化をはじめ社会のあらゆる領域での活動の基盤として飛躍的に重要性を増す，いわゆる「知識基盤社会（knowledge-based society）」であるといわれて久しい。このような社会の変革期の最中，教育基本法が 2006 年 12 月に約半世紀ぶりに改正された。翌 2007 年 6 月に改正された学校教育法では，その第 30 条第 2 項において，「基礎的な知識及び技能を習得させる」とともに，「これらを活用して課題を解決するために必要な思考力，判断力，表現力その他の能力をはぐくみ」，「主体的に学習に取り組む態度を養う」ことを偏りなく調和的に遂行されるべきことが規定された。このことは，例えば，中・高等学校数学科で今なお少なからず散見される，計算技能や解決パターンの習得だけを目的としているかのような学習指導に留まることなく，習得したことを活用したり探究の文脈で役立てたりする学習指導までを意図すべきことが，法的拘束力をもって規定されたことを意味する。そしてそれらは，学ぶ際の方法でもあり学ぶ内容そのものでもある数学的活動と関連付けられ，言語活動の充実と併せて，学習指導要領（平成 20 年）での数学科の中核に据えられた。この方向性が，今回改訂された学習指導要領でも引き継がれた。

2．劇的に変貌していく社会を生き抜くための資質・能力

　例えば，自動翻訳機能の著しい性能向上や，自動車の一般道での自動運転の実用化など，IoT（Internet of Things）や人工知能（AI）技術等の進化によって一昔前の"夢の技術"が急速に現実化されつつある現在の社会は，Society5.0 などと呼ばれる。この社会は，今後も大きく変貌を遂げ続ける可能性が非常に高く，日常生活に革新をもたらし続けるであろう。このように劇的に変貌していく社会を，生徒たちが力強く，しかも豊かに生き抜いていくために，学校教育はどんな貢献ができるだろうか。これは，社会の将来像をも見据え検討し続けるべき論点であり，簡単に結論が得られるものではない。

　だが，少なくとも確実にいえることがある。それは，AI 技術等がいかに進化しようとも，それらができるのは人間が与えた目的の範囲内での処理に留まること，対して人間は，感性を豊かに働かせながら，どのような未来を創っていくのか，どのように社会や人生をよりよいものにしていくのかといった目的を自ら考え出すことができることである。直面する様々な変化を柔軟に受け止め，どのようにしてよりよく改善

するかを考えることは，人間だからこそ可能な行為であり，人間ならではの強みといえるだろう。予測困難な状況に受け身で対処するのではなく，1 人ひとりが主体的に向き合って関わり合い，その過程で自らの能力や可能性を発揮し，よりよい社会と幸福な人生の創り手となっていけるように生徒たちを導くことが，Society5.0 時代の学校教育には求められる。

　この視点をもってこれまでの数学教育を反省的に見直したとき，問題解決場面での思考力の育成等に一定の成果は得られつつあるものの，大学入試や資格試験での合格だけを目的にしているかに見える授業，決められた範囲内の知識や技能を短期間で習得することだけに重点を置いているかに見える授業が，今なお散見される状況は，問題視せざるをえない。「教員が何を教えるか」のみが意識され，1 つひとつの学びが生徒の何に役立ち，生徒のどんな力を育むものかについて十分な検討がなされてこなかったとはいえないだろうか。これが，学習指導の目的が「何を知っているか」に留まりがちで，「何ができるようになるか」にまで検討が及んでこなかったとされる理由であろう。

　以上に加えて，国内外における学力に関する調査結果などから浮かび上がる生徒の実態にも配慮し，教育課程全体や各教科等の学びを通じて育成すべき資質・能力が，「知識及び技能」「思考力，判断力，表現力等」「学びに向かう力，人間性等」の「三つの柱」に沿って，整理されることとなった。このことに対応したのが，先に引用した平成 29 年の中学校数学科の目標における（1），（2），及び（3）である。同様に，学習指導要領（平成 30 年）に告示された高等学校学習指導要領でも，数学科の目標は次のように記述された。なお下線は，中学校数学科の目標記述との異同を明確にするために筆者が加筆したものである。

○高等学校学習指導要領（平成 30 年）での数学科の目標
　数学的な見方・考え方を働かせ，数学的活動を通して，数学的に考える資質・能力を次のとおり育成することを目指す。
　(1) <u>数学における基本的な概念や原理・法則を体系的に理解する</u>とともに，事象を数学化したり，数学的に解釈したり，数学的に表現・処理したりする技能を身に付けるようにする。
　(2) 数学を活用して事象を論理的に考察する力，<u>事象の本質や他の事象との関係を認識し統合的・発展的に考察する力</u>，数学的な表現を用いて事象を簡潔・明瞭・的確に表現する力を養う。
　(3) <u>数学のよさを認識し積極的に数学を活用しようとする態度</u>，粘り強く考え<u>数学的論拠に基づいて判断しようとする態度</u>，問題解決の過程を振り返って<u>考察を深めたり</u>，評価・改善したりしようとする態度<u>や創造性の基礎</u>を養う。
　　　　　　　　　　　　　　　　　（例えば，文部科学省，2019a，pp.8-9）

　これらはまた，先述した学校教育法第 30 条第 2 項に示された 3 つの要素と連動していることにも注意したい。

3. 改善された「観点別学習状況の評価」と評定の扱い

　各教科等での学習指導における目標が「三つの柱」に沿って掲げられたからには，それら 3 つの側面に基づいて，生徒の学習状況を多面的に評価する必要がある。今回の改訂作業では，一貫してこの点が意識されたことは，本書でもすでに確認したとおりである。結果として，観点別学習状況の評価の観点は，「三つの柱」に連動した「知識・技能」，「思考・判断・表現」，「主体的に学習に取り組む態度」の 3 観点として，整理し直された。以下，数学科の状況に即して，補足を加える。

　まず，「知識・技能」として，例えば二次関数の基礎的知識などに加えて「事象を数学化したり，数学的に解釈したり」する技能などが例示されたことに注意したい。これは，「知識及び技能」として示された資質・能力には，単なる事実としての知識や計算技能だけでなく，数学的な探究を遂行する上で必要となる方法に関わる技能や，それらを支える知識も含まれていることを意味する。次に，「思考・判断・表現」において，「統合的・発展的に考察する力」や「簡潔・明瞭・的確に」表現する力など，人類が数学を創り上げる過程でも非常に重要な役割を果たしたであろう資質・能力が，評価すべき内容として明言されたことも重要である。これは，本章後半で具体例を交えながら詳述するとおり，数学科の授業を構成していく際にも非常に大切な視点となる。

　さらに「主体的に学習に取り組む態度」は，「学びに向かう力，人間性等」として示された資質・能力に，観点別学習状況の評価では示しきれない側面があることを念頭に置いた観点である。例えば，授業中の友人の発言に敬意を払うことは，人間性に関わる重要な側面ではあるが，数学科の目標との直接的な関わりはやや薄い。このような側面は，個人内評価を通じて見取るのが妥当であろう。一方，「問題解決の過程を振り返って」「評価・改善したりしようとする態度」など，生徒が数学と格闘する場面だからこそ見取ることができる側面がある。特に，数学的概念に関わる「知識及び技能」や「思考力，判断力，表現力等」を身に付けたりすることに向けた粘り強い取り組みを行おうとする側面や，そのような取り組みの中で自らの学習を調整し，よりよい数学的理解に到達しようとする側面は，数学科での学びを主体的に進めていく際には，不可欠である。これまでの評価の観点の 1 つであった「関心・意欲・態度」が，挙手の回数や毎時間ノートをとっているかなど，性格や行動面の傾向が一時的に表出した場面を捉える評価であるような誤解が生じていたと指摘されている。この反省を踏まえて再規定された観点が，「主体的に学習に取り組む態度」である。数学科で身

に付けるべき「知識及び技能」や「思考力，判断力，表現力等」を生かした主体的な学習への取り組みを，適切に評価したい。

　以上を踏まえると，数学科における評定のあり方も再検討する必要があろう。評定は学習指導要領に示された目標に照らした実現状況を評価するものであるが，未だにその趣旨が十分に浸透していないこと，さらには，生徒や保護者の関心が評定や学校における相対的な位置付けに集中してしまい，評定を分析的に捉え学習の改善点を示すことができていないことなどが課題として指摘されている。特に高等学校では，評定が大学入試や就職試験のための資料という役割に留まっている感が否めない。評価・評定は，それぞれの生徒に主体的な学びの方針を知らせるという重要な役割をもつ。高等学校では 2022 年度入学生から，指導要録に観点別学習状況の評価を記録することが義務付けられたことも踏まえ，評価の意味を十分に意識した運用が望まれる。

　数学教員を目指すみなさんは，以上の理由に基づいて数学科の目標と学習評価が再検討されたことを十分に認識する必要がある。もしかすると，みなさんが中・高等学校の数学科授業を受けて抱いている数学観や数学教育観を，修正しなければならないかもしれない。これは，数学教員自身が自らの数学観や数学教育観を再点検し続けること，加えて教職に就く前も，就いた後も，「数学的素養について不断の研究等が求められていること」を意味する。このことを忘れてはならない。

3 節　「数学的な見方・考え方」と「数学的活動」

　数学科の目標記述は，先述の「三つの柱」による分析的記述に加え，それを導く文言の統一もなされた。具体的には，「数学的な見方・考え方を働かせ」，「数学的活動を通して」，数学的に考える資質・能力を育成することが明示された。

　ここで「数学的な見方・考え方」は，「事象を，数量や図形及びそれらの関係などに着目して捉え，論理的，統合的・発展的に考えること」である（文部科学省，2016b, p.2）。これは数学的に考える資質・能力を支え，思考や探究の方向性を定める役割を担うものであり，数学の学習が創造的に行われるために欠かせないものである。

　さらに，学習過程の果たす役割がより一層重要視されたことを受け，「事象を数理的に捉え，数学の問題を見いだし，問題を自立的，協働的に解決し，解決過程を振り返って概念を形成したり体系化したりする過程」など，「数学的に問題解決する過程を遂行すること」が，改めて「数学的活動」として位置付けられた（文部科学省，2016b, p.5）。そして，次の引用のように，学習段階にふさわしく「数学的活動に取り組むものとする」とされた。なお下線は，学習段階を意識した記述の異同を明確に

するために筆者が加筆したものである。

〇中学校第 1 学年
　ア　日常の事象を数理的に捉え，数学的に表現・処理し，問題を解決したり，解決の過程や結果を振り返って考察したりする活動
　イ　数学の事象から問題を見いだし解決したり，解決の過程や結果を振り返って統合的・発展的に考察したりする活動
　ウ　数学的な表現を用いて筋道立てて説明し伝え合う活動
（例えば，文部科学省，2018，p.94）

〇中学校第 2 学年・第 3 学年
　ア　日常の事象や<u>社会の事象</u>を数理的に捉え，数学的に表現・処理し，問題を解決したり，解決の過程や結果を振り返って考察したりする活動
　イ　数学の事象から<u>見通しをもって</u>問題を見いだし解決したり，解決の過程や結果を振り返って統合的・発展的に考察したりする活動
　ウ　数学的な表現を用いて<u>論理的に</u>説明し伝え合う活動
（例えば，文部科学省，2018，p.158）

〇高等学校（全科目共通）
　ア　日常の事象や<u>社会の事象</u>などを数理的に捉え，数学的に<u>表現・処理して</u>問題<u>を解決し</u>，解決の過程や結果を振り返って<u>考察する</u>活動
　イ　数学の事象から<u>自ら</u>問題を見いだし解決<u>して</u>，解決の過程や結果を振り返って統合的・発展的に考察<u>する</u>活動
　ウ　<u>自らの考えを数学的に表現して説明したり，議論したりする活動</u>
（例えば，文部科学省，2019a，p.134）

　このように，学習段階に応じた活動の質の違いと連動した表現の相違はあるが，いずれも，数学の学びの過程で頻出する 3 つの代表的な活動が示されていることが分かる。

　さらに，図 4-1 に示すように，これら 3 つの活動の関係についても説明が加えられている。すなわち，数学的活動における問題発見・解決の過程は，「日常生活や社会の事象を数理的に捉え，数学的に表現・処理し，問題を解決し，解決過程を振り返り得られた結果の意味を考察する，という問題解決の過程」と，「数学の事象について統合的・発展的に捉えて新たな問題を設定し，数学的に処理し，問題を解決し，解決過程を振り返って概念を形成したり体系化したりする，という問題解決の過程」の 2 つのサイクルが相互に関わり合って展開するとし，その際，各場面で「言語活動を充実し，それぞれの過程を振り返り，評価・改善する活動」を大切にするというものである。さらに，これらの過程は自立的に，時に協働的に行い，それぞれに主体的に取り組めるようにすることも重要視されている。

　ここまでの説明で取り上げた内容は，今後，数学的活動をよりよく展開していくための非常に重要なポイントであるため，その意味や趣旨について文部科学省（2018,

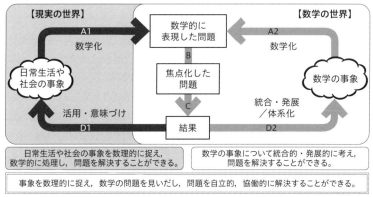

図 4-1　数学的活動における問題発見・解決の過程（文部科学省，2016b）

2019a）などを参考に，各自で再度熟考してほしい。本章ではこれ以上の込み入った説明に代え，2 つの事例を通じて数学的活動をより一層充実させることに関して具体的に説明する。なお，ここで紹介する事例 1 は，2012 年 2 月に実施された「特定の課題に関する調査（論理的な思考）」においてⅡ B 第 3 問として出題された問題に基づくものであり，事例 2 は，「全国学力・学習状況調査（中学校数学）」で頻出傾向にある問題（例えば，2015 年度 B 問題第 2 問）の趣旨を踏まえたものである。調査の概要や実際の問題等については，国立教育政策研究所（2013，2017）で確認願いたい。

1. 日常生活や社会の事象から問題を見いだし解決する活動

　異なる高さの 2 つの塔があるとき，見上げる場所によって同じ高さに見える場合がある。中学校第 3 学年の授業でそのことを確認した後，次の問題を提示した場面を考える。

> ▶▶事例 1
> 東京タワー（高さ 333m）までの距離が 5km，東京スカイツリー（高さ 634m）までの距離が 12km の地点に向かおうとしていた賢治さんは，その地点に行く前に，どちらが高く見えるかを知りたいと思った。どう考えればよいだろう。

　生徒たちがこの問題を解決するにはまず，現実の世界での経験である"高く見える"，"低く見える"，あるいは"同じ高さに見える"ことが，どのような数学的表現で言い換えることができるか，すなわちどのように数学化できるのか（図 4-1 の A1 の過程。以下，【A1】のように略す）を検討する必要がある。実は各種学力調査の結果から，生徒たちは，数学化を遂行することに大きな課題をもっていることが知られている。これは，少し前までの数学教科書の記述や実際の授業で，数学化がすんだ後の数学の世界での解決過程（【B】，【C】）に重点を置きすぎた学習指導がなされ，学習者が主体的に数学化を行う機会が少なかったことが，理由の 1 つと考えられる。当面の問題を"数学の舞台に載せる"過程を，数学科授業で経験できるように配慮することは，生徒たちの数学的活動をより一層充実させるための，最も重要なポイントの 1 つである。この問題の場合，見え方の高低が仰角の大小に依存することに気づき，2 つの塔までの距離をなす線分と，それらの高さをなす線分から成る 2 つの直角三角形に着目する必要性に気づくことが解決への第一歩となる。日常の事象に潜む図形を見いだし，その図形の性質に着目して考察することは，数学的な見方・考え方の中核に位置付く大切なものである。

　直角三角形を見いだした生徒たちは，どの構成要素の性質に着目すれば問題が解決するのかを見通す過程に至るだろう。この過程は例えば，相似な三角形との比較を通じて，「縮図や拡大図」「比例」などすでに算数科で学んだ知識や考え方が活用できないか，2 つの塔の高さの比の値（約 1.904）や距離の比の値（2.4）を根拠として推論できないか，あるいはやや進んだ内容（高等学校数学 I 「三角比」）ではあるが，高さと距離の比の値の違いから何らかの判断を下すことはできないかなど，当面の問題の数学的な本質を見いだす洞察力や解決方法を構想する力を要する過程（【B】）といえる。そして，得られた見通しに沿って，図や表を活用して数学的に処理する力や，より的確にかつ能率的によりよく処理する力，論理的に正しく推論する力などが問われる過程（【C】）へと進む。それと同時に，数学世界で得られた結論を現実世界の事象に戻して意味を考える力が必要となる過程（【D1】）に至る段階となり，いよいよ当初の問題の解決を見る。ここで重要なのは，これら過程では試行錯誤，すなわち，はじめから目的に合った結論が得られるはずもなく，何度かの失敗を繰り返す中で，失敗から得る学びを蓄積しながらよりよい解決に向かうことが前提になっている点である。その意味でこの過程は，解決に向かう最短かつ一方通行の過程ではなく，紆余曲折を伴う双方向の過程（【D1】 ↔ 【C】 ↔ 【B】（↔【A1】））であることを認識することが重要である。

　さらに相似な三角形や仰角の比較を根拠として論理的に正しく推論したり，現実世界の事象に戻して意味を考えたりして，一定の結論を得た生徒たちは，その得られた

結果を他の事象に活用する力やそのような態度が必要となる過程（【D1】）へと進む。「東京タワーのほうが高く見える」という結論を得ただけで活動を終わらせるのではなく，どのような方法で，どのような数学的根拠をもとにして導かれた結果なのかを振り返る場面を設定することが，生徒たちの主体的な学びである数学的活動を充実させる大切なポイントの１つである。例えば，「東京タワーまで 11km，東京スカイツリーまで 21km の地点ではどのように見えるだろうか」「２つの塔が同じ高さに見える地点はどのような地点だろうか」，あるいはやや教科横断的な内容となるが，「地球表面の丸みや当該地点の海抜を無視しているが，本当に予想通りの結果になるのか」など，発展的な考察につながる新たな問題を見いだす過程（【D1】 ↔ 【A1】）を経ることも重要である。生徒たち自身が次に生じる新たな問題を見いだし解決しようとする態度の育成，それを可能にする学習環境の整備が，これからの数学教員には求められている。

2. 数学の事象から問題を見いだし解決する活動

中学校第３学年の数学科授業において，次の問題を提示した場面を想定する。

> ▶ ▶ 事例 2
> 連続する２つの偶数の積に１をたした数は，どんな数になるだろうか。
> $$2 \times 4 + 1 = 9$$
> $$8 \times 10 + 1 = ？？$$

まず確認しておきたいことは，問い方である。少し前までの数学教科書の問題や入試問題集に掲載された問題は，「連続する２つの偶数の積に１をたした数は，○○になることを示せ」というように，命題の形式で記述されていることが多かった。このような形式は，数学的な意味では最も望ましいかもしれないが，数学教育学的な立場からはそうともいえない。というのも，このような形式で問うてしまうと，生徒たちは，提示された命題を確かめるだけ，あるいは正しいことを証明するだけの活動，すなわち焦点化された問題を解決する過程（【C】）だけの活動で満足してしまう可能性があるからである。実際に計算して得られた結果の特徴を捉えて数学化したり，一般化したりする力を必要とする過程（【A2】）から，問題の本質を見いだす力（洞察力）が問われる過程（【B】）に至る活動を促し，生徒たち自身が解決すべき問題を命題の形式に洗練していく活動を通じて，その過程の価値やおもしろさに気づけるような配慮が必要であろう。

さて，実際の授業では，生徒たちが問題文を読み終わって少し経つと，「奇数？」「9

の倍数？」「奇数の二乗数？」などという生徒たちなりの結果の見通しが，つぶやきとして聞こえてくる。このような結果を見通す過程（【A2】）では，帰納（induction），あるいは類推（analogy）という数学的推論が関わっている。帰納とは，特別な場合についての観察や操作，実験などの活動に基づいて，それらを含んだより一般的な結果を導き出す推論であり，類推とは，似たような条件のもとでは似たような結果が成り立つであろうと考えて，新しい命題を予想する推論である。これらの推論はどちらも，新たな事柄を発見する際に非常に重要な役割を果たす推論であり，例えば小学校や中学校第一学年の算数・数学科授業では，帰納や類推を用いて結論を見通す過程そのものが授業での中心的な数学的活動になる場合もある。また，「連続する2つの偶数の積に1をたした数は，9の倍数になる」という予想が誤った予想であることを，反例をあげるなど，論理的に妥当な方法で示すことも大切な活動である。

　このような活動を経て，「連続する2つの偶数の積に1をたした数は，奇数の二乗数になる」という予想が，どうやら正しいようだとの見通しを得る。とはいえ，具体的な計算を100回繰り返したときに共通な性質をもつ結果が100回得られたとしても，101回目の結果が同じ性質をもつという論理的な確証はない。そこで必要となる推論が，演繹（deduction）である。演繹は，前提となる命題から論理の規則に従って結論となる命題を導き出す推論であり，帰納や類推によって発見された事柄が常に成り立つことを示すために用いられる推論である。今回の問題の場合は，任意の連続する偶数をどのように表現すれば解決に至るのかを洞察する力，当該学年であれば，任意の連続する2つの偶数を，例えば，$2n$，$2n+2$（nは整数）と置いて考察するなど，解決に向かう方向性を見通す力が問われる過程と，演繹的に推論する（証明する）力が問われる過程を双方向に行き来する過程（【B】↔【C】）を経て，当初予想した見通しが正しい命題であることを確認するに至り，はじめの問いの解決を見る。

　だが，数学的活動はここで終わらない。実際，証明を伴う解決過程で現れた式変形；

$$2n(2n+2)+1=4n^2+4n+1=(2n+1)^2 \quad \cdots\cdots①$$

を振り返る場面を設けると，生徒たちは，式①の右辺に現れた$2n+1$が，はじめに選んだ連続する2つの偶数の間の奇数であることに気づく場合が多い。得られた結果を発展的に考える力や態度が問われる過程（【D2】→【A2】）を通じて，より洗練された真なる命題を発見することができるのである。また，結論の見通しを立てる際に得られた計算式，例えば，連続する偶数が140と142の場合の計算過程と結果を振り返って，

$$140 \times 142 + 1 = (141 - 1)(141 + 1) + 1 = 141^2 - 1 + 1 = 141^2$$

などと見直すことができたなら，見いだした事柄を既習の知識と結びつけ，概念を広げたり深めたりする力を生かす過程（【D2】）を経験できたことになろう。

さらに，主要な数学的な見方・考え方の1つにも深く関わる文字式のよみ（結果の解釈）を進めると，新たな知識の獲得や体系化につながる過程へと誘うこともできる。これに関しては，次の 3. で詳しく述べることにする。

3. 数学的な表現を用いて説明し伝え合う活動

上記の事例1と事例2を振り返ると，どちらも，目的に応じた数学的な表現を用いて，自らが納得するとともに相手に分かりやすく伝える活動に支えられていることに気づくだろう。このような活動に重要な教育的価値があることを，再認識する必要もある。

事例1では，例えば，着目すべき直角三角形を見いだした後，何らかの構成要素の何らかの性質に基づいて説明する活動が不可欠となるが，その際，多種多様なタイプの説明が想定される。参考までに，類似の問題が出題された「特定の課題に関する調査（論理的な思考）」で得られた記述のいくつかを図 4-2 にあげておこう。

このような多様な考えに基づく様々な説明が現れる授業では，数学教員としてどのようなことに配慮すべきだろうか。少し前までの中・高等学校数学科の授業では，ややもすると，授業者が事前に準備した証明に近い説明，それは数学的な意味で当該学

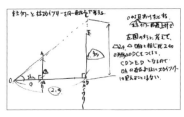
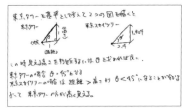
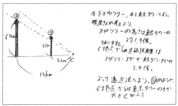
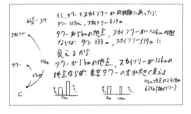

図 4-2　事例1で想定される生徒たちの記述例（国立教育政策研究所，2013, p.71 より）

年にふさわしい論理性をもった証明である場合が多いが，その説明だけを取り上げて，問題は解決したと宣言していたかもしれない。しかしそのような展開の仕方は，生徒たちに「数学では授業者が提示したものを丸暗記すればよい」という誤った数学観を抱かせることにつながり，結果，「自分なりの考えをもってそれを記述したり説明したりすることは無駄である」といった，数学科の目標に掲げられた内容とは真逆の価値観を抱いてしまいかねない。例えば，図 4-2 右下のような説明を書いた生徒が，自身の説明が相手にうまく伝わっていない状況を認識した上で，他の生徒が直角三角形の図を用いた説明を試みていること，あるいはまた別の生徒が相似な図を用いて説明しようとしていることなどから何かを感じ取り，分かり難かった自らの説明を修正していく活動は，日常的な事象から生じた問題解決の過程（【A1】→【B】→【C】）を振り返り，その過程を数学的な意味でよりよく説明し直す過程（【C】↔【D2】↔【A2】）であり，数学的活動の中心に位置付くべき重要なものである。たとえ不十分な説明であっても，説明し伝え合う活動を通じてよりよい記述・説明に洗練されていく経験を，楽しく素晴らしい，価値ある活動と感じられる生徒集団に育てたいものである。

　事例 2 では，その解決過程で得られた式①を，さらにじっくり粘り強く観察する時間を設定すると，左辺，中辺，右辺ともに「$2n$」のまとまりが複数あることに気づく生徒が現れる。事実，式①において，$2n = N$ と置き換えてみると，次式を得る。

$$N(N+2) + 1 = N^2 + 2N + 1 = (N+1)^2 \quad \cdots\cdots②$$

　ここで式②の意味を解釈するように促すと，「これ，奇数でも（成り立つのでは）？」という趣旨の発言をする生徒たちが現れる。得られた結果を批判的に検討し，体系的に組み立てていく力を活用できる場面（2 周目の【A2】→【B】→【C】→【D2】）である。さらに進んだ生徒たちなら，式②を次のように発展的に見直して，この問題の本質を探り当てることができるかもしれない。

$$N(N+2d) + d^2 = N^2 + 2dN + d^2 = (N+d)^2 \quad \cdots\cdots③$$

　式③は，公差 d の等差数列に関わる表現である。もちろん中学校の授業で"等差中項"という概念を直接扱うことはないが，偶数に関する命題の適用範囲が，整数，実数と徐々に拡張されていく様は，中学生にとっても，魅力的で価値ある数学的発展であることを感得できるだろう。見いだした性質を，統合的かつ発展的に考察してより洗練されたものにしていく過程は，数学の発展史において何度も繰り返されてきた過程であり，最も数学らしい数学的活動といってよいだろう。数学教員は，このような

過程が授業で展開されるよう適切に促し，表出した生徒たちの活動を適切に評価することが求められる。

　以上のように，数学的な表現を用いた説明を理解したり評価したりする力や，目的に応じて自分の考えなどを数学的な表現を用いて説明する力が機能する場面は，生徒たちの主体的な数学的活動の中で頻繁に起こりうる。数学科で育成すべき資質・能力の中に，数式や図表を含む広い意味での言語を活用する力が含まれていることや，説明し伝え合う活動が新たな発見の契機になる場合があることなど，主体的で協働的な深い学びの質を向上させる重要な要素に関わることを，確実に認識しておく必要がある。

4. 数学的活動を充実するための授業改善

　以上，平成 29 年に告示された中学校学習指導要領で数学科の内容に位置付けられた数学的活動の具体例を 2 つ紹介した。このような類の活動は，平成 30 年に告示された高等学校学習指導要領で数学科に位置付けられた数学的活動の主な内容に連なる活動でもあり，数学Ⅰ，数学Ⅱ，数学Ⅲの内容に位置付けられた「〔課題学習〕」において，特により一層重視すべき活動である。

　今後，数学科授業において数学的活動を充実させていくためには，少なくとも次の 2 点について留意しなければならない。第一に，単元全体あるいは小単元全体を見据えて，数学的活動そのものに関する指導計画を立案することである。例えば，単元の導入段階で行う数学的活動と単元の総括段階で行う数学的活動は，たとえ同じ題材を扱ったとしても，その活動の意図や位置付け，展開の仕方が変わってくるはずである。様々な意図に応じた数学的活動を通して，意図的かつ計画的に指導すること，そして生徒たちが数学的活動を実体験して数学を楽しむこととのバランスに配慮したい。

　第二に，数学的探究をどのように進めればよいのかといった，探究の方法に関する指導を，意図的かつ明示的に行う必要があろう。例えば，各授業の「まとめ」では，その授業で発見した事実としての知識だけでなく，その発見過程において用いた"方法としての知識"や"学びに向かう力"に関わる内容も対等に位置付け，板書やノートといった記録として生徒たちの学びの記憶にしっかりと位置付けることが大切である。それらを具体化する際には，図 4-3 として提示した「算数・数学における問題発見・解決の過程と育成を目指す資質・能力」が参考になるだろう。例えば，焦点化した問題から結果を得る過程で「論理的に推論する力」を問うた授業では，結果を導くために最も役立ったのはどのような推論だったのか，どんな根拠をもとにどう思考を進めたのかなどを，後日，生徒たちが解決過程を思い出し振り返ることができるような記述として書き残しておくことが重要である。

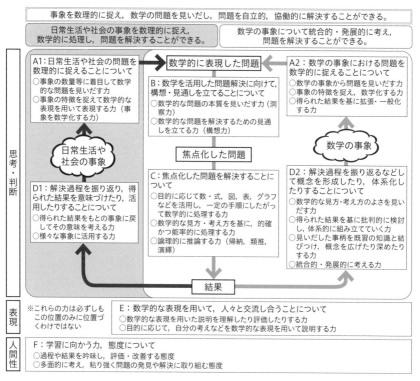

図 4-3　算数・数学における問題発見・解決の過程と育成を目指す資質・能力（文部科学省，2016b）

　以上のような事柄に留意して数学的活動をより一層充実させるためには，生徒たちに主体的で対話的な深い学びを促すことはもちろんであるが，各学校で事前に設定された教育課程を大幅に変更しない範囲で，それぞれのクラスの生徒たちに応じた時間数やその配分，ティームティーチングの有無，扱う教材の質の微調整が，ほぼ確実に必要となろう。近年，教育界の流行語となった「アクティブ・ラーニング」「カリキュラム・マネジメント」は，本質的にこのことを意味すると考えたい。新しい言葉の響きに惑わされることなく，教育の本質にある不易の価値を大切にした学習指導が望まれる。

4節　中・高等学校数学科の教育内容

　最後に，平成 29 年及び平成 30 年に告示された学習指導要領に基づいて，中・高

等学校数学科で扱われる教育内容のうち，主として「知識・技能」に関わる内容について，それらを包括する領域を視点にまとめておこう（表 4-1a，表 4-1b）。なお，中学校数学科の教育内容は，学習指導要領に示された領域の記述に従って，1 つの軸を学年進行に基づく時系列として，もう 1 つの軸を 4 つの領域，すなわち「数と式」「図形」「関数」「データの活用」として分類整理している。ただし，高等学校数学科の後者の軸については，学習指導要領では規定されていないため，筆者が独自に，中学校数学科の系統に類する 4 つの領域（「数と式」「図形」「関数・解析」「確率・統計」）を設定し分類整理した。以下，各領域で特に重要視すべき事柄を，事例を交えて指摘する。

1.「数と式」領域に関連する教育内容

　先の事例 2 でも述べたように，この領域では文字式の必要性や意味に配慮したい。文字を用いた式は，数量の関係や法則などを簡潔，明瞭にしかも一般的に表現することができる。それだけでなく，数量の関係を具体的なものの意味に束縛されることなく，抽象的な数の関係として考察することを可能にしたり，自分の思考の過程を表現し，他者に的確に伝達できたりするなどのよさがある。例えば，二次方程式の解の公式は，どんな二次方程式にも複素数解が存在することを示すと同時に，実数解をもつための条件や，それらの算出方法をも併せて示している。文字式はその一般性を踏まえた上で，どう読み取り，どう解釈するかが重要である。

　例えば，中学校第一学年の授業において，「a と $2a$ ではどちらが大きいだろう」「$-3a$ と $2a$ ではどうか」と問うた場面を考える。生徒たちははじめ，小学校までの感覚をもとに「$2a$ のほうが大きい」と結論すると思われるが，徐々に，負数を含む整数の特徴を踏まえた結論を導き出すだろう。さらに「a と a^2 ではどうか」と問えば，負数に加え有理数の特徴にも配慮した思考活動を促すことにもなる。単純な計算問題に取り組ませるよりもはるかに，文字式の一般性に触れることができる活動となろう。また，高校生に対しては，「$2a$ と a^2 ではどちらが大きいか」「$4a-4$ と a^2 ではどうか」などと問うことが考えられる。実際に様々な数を代入して帰納的に検討する活動を通じて，ある値を境に大小が入れ替わること，どんな値でも大小関係が変わらないことを発見することができれば，生徒たち自らが「$a^2 \geqq 4a-4$ は常に正しいのか」という問題を創り出し，数学的活動を展開していくことができよう。生徒の数学的活動を促すためには，奇をてらった新しい題材が必要なのではなく，すでに教科書に掲載された問題の位置付けや問い方を工夫することが大切である。

表4-1a　中学校数学科における「知識及び技能」に関する内容構成（文部科学省，2018）

学年（時数／週）	「数と式」領域の内容	「図形」領域の内容	「関数」領域の内容	「データの活用」領域の内容
第1学年（4）	(1)【正の数・負の数】必要性と意味／四則計算／表すこと (2)【文字を用いた式】必要性と意味／表し方／一次式の加法減法／式表現 (3)【一元一次方程式（比例式）】必要性と意味及び解の意味／解くこと	(1)【平面図形】基本的な作図／図形の移動／作図方法の考察 (2)【空間図形】直線や平面の位置関係／基本的な図形の計量／空間図形の構成と平面上の表現	(1)【比例，反比例】関数関係の意味／比例と反比例／座標の意味／比例，反比例の表，式，グラフ	(1)【データの分布】ヒストグラムや相対度数の必要性と意味／データの整理／分布の傾向のよみ (2)【不確定な事象の起こりやすさ】多数回の試行によって得られる確率の必要性と意味
	〔数学的活動〕 ア 日常の事象を数理的に捉え，数学的に表現・処理し，問題を解決したり，解決の過程や結果を振り返って考察したりする活動　イ 数学の事象から問題を見いだし解決したり，解決の過程や結果を振り返って統合的・発展的に考察したりする活動　ウ 数学的な表現を用いて筋道立てて説明し伝え合う活動			
第2学年（3）	(1)【文字を用いた式の四則計算】整式の加減及び単項式の乗除／表現とよみ／文字式による説明／目的に応じた式変形 (2)【連立二元一次方程式】二元一次方程式とその解の意味／連立二元一次方程式の必要性と意味及びその解の意味／解くこと	(1)【平面図形の性質】平行線や角の性質／多角形の角の性質／性質を基にして確かめ説明すること (2)【図形の合同】合同の意味と三角形の合同条件／証明の必要性と意味及びその方法	(1)【一次関数】事象と一次関数／二元一次方程式と関数／一次関数の表，式，グラフ	(1)【データの分布】四分位範囲や箱ひげ図の必要性と意味／データの整理／分布の傾向の比較 (2)【不確定な事象の起こりやすさ】場合の数を基にして得られる確率の必要性と意味／確率を求めること
	〔数学的活動〕 ア 日常の事象や社会の事象を数理的に捉え，数学的に表現・処理し，問題を解決したり，解決の過程や結果を振り返って考察したりする活動　イ 数学の事象から見通しをもって問題を見いだし解決したり，解決の過程や結果を振り返って統合的・発展的に考察したりする活動　ウ 数学的な表現を用いて論理的に説明し伝え合う活動			
第3学年（4）	(1)【平方根】必要性と意味／式の計算／平方根を用いた表現 (2)【式の展開と因数分解】単項式と多項式の乗法と除法／簡単な式の展開や因数分解 (3)【二次方程式】必要性と意味及び解の意味／因数分解や平方完成／解の公式を用いて二次方程式を解くこと	(1)【図形の相似】相似の意味と三角形の相似条件／相似比と面積比，体積比の関係／平行線と線分の比 (2)【円周角と中心角】円周角と中心角の関係とその証明 (3)【三平方の定理】三平方の定理とその証明	(1)【関数 $y=ax^2$】事象と関数 $y=ax^2$／いろいろな事象と関数／関数 $y=ax^2$ の表，式，グラフ	(1)【標本調査】必要性と意味／標本を取り出し整理すること
	〔数学的活動〕 ア 日常の事象や社会の事象を数理的に捉え，数学的に表現・処理し，問題を解決したり，解決の過程や結果を振り返って考察したりする活動　イ 数学の事象から見通しをもって問題を見いだし解決したり，解決の過程や結果を振り返って統合的・発展的に考察したりする活動　ウ 数学的な表現を用いて論理的に説明し伝え合う活動			

（中学校数学科）

表 4-1b　高等学校数学科における「知識及び技能」に関する内容構成（文部科学省，2019a）

科目（単位数）	「数と式」に関する内容	「図形」に関する内容	「関数・解析」に関する内容	「確率・統計」に関する内容
高等学校数学科　数学I（3）	(I-1)【数と式】数の拡張と実数の四則計算／集合と命題／乗法公式と因数分解（2次）／一次不等式	(I-2)【図形と計量】鋭角の三角比／鈍角の三角比／正弦定理・余弦定理／計量	(I-3)【二次関数】値の変化やグラフの特徴／最大値や最小値／二次方程式や二次不等式との関係	(I-4)【データの分析】分散，標準偏差，散布図と相関関係／情報機器を用いたデータの整理と統計量の算出／具体的事象における仮説検定の考え方
	〔課題学習〕上記の内容又はそれらを相互に関連付けた内容を生活と関連付けたり発展させたりするなどした課題を設け，生徒の主体的な学習を促し，数学のよさを認識させ，学習意欲を含めた数学的に考える資質・能力を高める			
数学A（2）		(A-1)【図形の性質】三角形の性質／円の性質／空間図形の性質		(A-2)【場合の数と確率】数え上げの原理／順列と組合せ／確率の意味と期待値／独立な試行／条件付確率
	(A-3)【数学と人間の活動】数量や図形に関する概念と人間の活動との関わり／数学と文化との関わり			
数学II（4）	(II-1)【いろいろな式】乗法公式と因数分解（3次）／多項式や分数式の計算／複素数とその四則計算／二次方程式の解の判別式と解と係数の関係／因数定理と高次方程式		(II-3)【指数関数・対数関数】指数の拡張／値の変化やグラフの特徴／対数の意味と性質／値の変化やグラフの特徴 (II-4)【三角関数】角の概念の拡張／値の変化やグラフの特徴／相互関係と性質／加法定理	
	(II-2)【図形と方程式】内分点，外分点と二点間の距離／直線や円の方程式／軌跡／不等式と領域		(II-5)【微分・積分の考え】微分係数や導関数／関数値の増減や極大・極小／不定積分や定積分	
	〔課題学習〕上記の内容又はそれらを相互に関連付けた内容を生活と関連付けたり発展させたりするなどした課題を設け，生徒の主体的な学習を促し，数学のよさを認識させ，学習意欲を含めた数学的に考える資質・能力を高める			
数学B（2）			(B-1)【数列】等差数列と等比数列／いろいろな数列／漸化式／数学的帰納法	(B-2)【統計的な推測】標本調査／確率変数と確率分布／二項分布と正規分布／区間推定及び仮説検定
	(B-3)【数学と社会生活】社会生活での問題を数学を活用して解決する意義／事象を数学化し数理的に問題を解決する方法			
数学III（3）			(III-1)【極限】数列の極限／無限等比級数／分数関数や無理関数／合成関数や逆関数／関数値の極限 (III-2)【微分法】関数の和差積商の導関数／合成関数の導関数／三角関数と指数及び対数関数の導関数／導関数の応用 (III-3)【積分法】基本的な性質／置換積分法及び部分積分法／いろいろな関数の積分とその応用	
	〔課題学習〕上記の内容又はそれらを相互に関連付けた内容を生活と関連付けたり発展させたりするなどした課題を設け，生徒の主体的な学習を促し，数学のよさを認識させ，学習意欲を含めた数学的に考える資質・能力を高める			
数学C（2）	(C-1)【ベクトル】平面上のベクトルとその演算／ベクトルの内積／ベクトルの考えに基づく平面から空間への拡張			
	(C-2)【平面上の曲線と複素数平面】二次曲線の基本的な性質／媒介変数表示／極座標表示／複素数平面／ド・モアブルの定理			
	(C-3)【数学的な表現の工夫】事象を図，表，統計グラフなどを用いて工夫して表現することの意義／事象を離散グラフや行列を用いて工夫して表現することの意義			

2.「図形」領域に関連する教育内容

　先の事例 1 でも触れたが，この領域の目的を粗くいえば，描かれた図から得られる直観や帰納的推論を用いながら，概念化された図形の性質に基づく演繹的推論を展開すること，それを通じて平面や空間を認識する能力を育成することである。この目標を達成する際に重要な役割を果たす考えの 1 つが，数学科の目標にもある統合的発展である。

　例えば，三平方の定理は直角三角形に関する定理であるが，もしも直角三角形でなかったらどうなるかとの発想に基づいて得られる定理が余弦定理であることは，よく知られた事実である（例えば杉山，2009，pp.299-304）。前提を一般化して拡張された定理は，広い意味で統合的発展といえよう。

　同様な考えに基づく教材は，中学校数学科の中にも多く存在している。正三角形ABC に対して，正方形 BADE と正方形 ACFG をとるとき，角 GPC の大きさがどうなるかを考える場面（図 4-4 左）では，生徒たちは正三角形と正方形の性質に基づく説明を試み，∠GPC=90° という結論を得るだろう。ここで，もしも正三角形でなかったらどうなるかを考える場面（例えば，図 4-4 右）を設定すると，生徒たちはどのような反応を示すであろうか。二等辺三角形をもとに説明を試みる生徒たちや，$1:2:\sqrt{3}$ の直角三角形をもとに説明を試みる生徒たちなど，各自が主体的に問題を設定し解決を試みる状況が生まれるだろう。そして，それぞれの解決過程を比較し，一般的な三角形の場合の証明方法を検討することもできるだろう。生徒たちの様々な解決過程が統合され，よりよい証明方法を創り出すという数学的活動が展開されるはずである。

　さらに，どんな三角形で考察しても同じ結果が得られることに興味を示す生徒も多いだろう。三角形を様々に変化させたときに変化しないことに着目していく手法は，現代数学でも多用される，幾何学研究の主要な方向性の 1 つである。通常教室でもタブレットパソコンを使用できる環境が整いつつある現状を踏まえ，動的幾何ソフトな

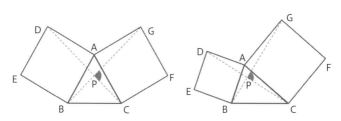

図 4-4　正三角形と一般の鋭角三角形に共通する事実

どの利用を念頭に置いて，図形の変化に伴う不変性に関わる教材の開発も進める必要がある。

3.「関数」領域と「関数・解析」に関連する教育内容

　この領域に関連する内容の核は，いうまでもなく関数であるが，なぜ人類が関数を研究対象にしてきたのか，その本質は何かを，改めて考えておく必要がある。結論をいえば，関数は，複雑で捉え難い事象（変数）をより単純で捉え易い事象（変数）で分析することを通じて，前者を後者で予測しコントロールすることに，その本質がある。現在の関数の学習指導では，表，式，グラフを通じて多面的な考察を行うことが求められているが，その手法を通じて，その関数の特徴（変化の規則性）を捉え，それを活用していくことが，求められる学習指導の姿であろう。

　例えば，高等学校「数学Ⅰ」では二次関数を学ぶが，グラフの特徴的な点やその平行移動ばかりに注目するあまり，図形的考察を中心とした学びになっていないだろうか。本来の関数学習の目的を意識するならば，例えば，関数 $y = x^2 + \sqrt{3}\,x$ の表を，計算機の使用を前提として作成する次のような活動が意味をもつかもしれない。実際の授業では，生徒たちによって近似値計算が行われ，次のような表が作成される。

x	…	-3	-2	-1	0	1	2	3	…
y	…	3.80	0.54	-0.73	0	2.73	7.46	14.20	…

　この表の数値をもとに，対応する点をグラフ用紙にプロットすると，それらの点が線対称な位置にないなど，有理数を係数とする二次関数の場合とはやや異なる状況に陥る。しかし，生徒たちは，それらの点がきれいな曲線を辿っていることに気づき，グラフ（放物線）の対称性や，関数の最小値へと考察の対象を移行させながら，最終的には平方完成を用いることの必然性に気づいていく。さらに，関数値の考察における学習経験である"差をとる"手法をとれば，順に「−3.26」「−1.27」「0.73」「2.73」「4.73」「6.74」と推移していることを知り，近似値計算であることを加味すれば，"差の差"が「＋2」で一定であることを発見するだろう。この事実が，二次関数の第二次導関数が定値であることを意味することを学ぶのはもう少し先の話であるが，変化の中の不変に着目しようとする姿勢や態度を涵養することは，数学的活動の大切な目的である。このような経験の有無が，第二次導関数の学習が単純な形式的な話題になるのか，学習経験を踏まえた学び直しとして生徒の記憶に根付くのかを左右するはずである。

　生徒の資質・能力の向上という視点から，関数の学習指導を通じて生徒が何をでき

るようになればよいのかを十分に検討し，学習系統を意識した上で，教材や授業の工夫を進めたい。

4.「データの活用」領域と「確率・統計」に関連する教育内容

　この領域に関わる内容については，平成 20 年及び平成 21 年に告示された学習指導要領で大幅な修正が施され，その後も改善が進められている。この領域に関連する教育内容の以前の扱いは，与えられたデータをもとに各種グラフを用いて整理する活動に留まる程度のものだったかもしれないが，現在では，統計的問題解決のサイクル，いわゆる PPDAC（Problem；問題－ Plan；計画－ Data；データ収集－ Analysis；分析－ Conclusion；結論）サイクルをより一層意識した数学的活動が，小学校段階から系統的に意図されている。そこには，統計学の本質が大きく関わっている。やや長くなるが重要なので，以下に引用しておこう。

　　統計学の考え方の大きな特徴は，その科学的推論の第一段階において，帰納的推論を行うことにある。すなわち，与えられたデータに基づいて，仮説やモデルのいくつかを選び出す規則を作り出すことである。さらに，そのような規則によって特定の仮説が選ばれたときの不確実性の程度を計算し，誤った決定の割合または誤りによる損失を最小にするような規則を見つけ出す（不確実性の数量化）。この後者の過程，すなわち問題を最適な決定を行う問題として定式化してしまった段階からは，演繹的推論に基づいて確率計算や数理的な解析を行うことになる。
　　このように，統計学の本質は，帰納的推論の中に演繹的論理の過程を導入することにより科学的な結論を導く点にある。（統計関連学会連合理事会，2010，p.3）

　社会生活などの様々な場面において，必要なデータを収集して分析し，その傾向を踏まえて課題を解決したり意思決定をしたりすることが求められており，そのような能力を育成するため，小・中・高等学校教育を通じて統計的な内容等の改善について検討していくことが必要である。
　この領域に関わる実践事例としては，階級幅が異なるヒストグラムの比較（図4-5），箱ひげ図を用いた分布傾向の比較，相関係数を指標とした統計的推測など，様々な事例が報告されつつある。例えば，総務省統計局が運営するサイト「なるほど統計学園」などを参考にし，生徒たちが主体的に統計的な問題解決の過程を推進しうる教材の研究を目指したい。

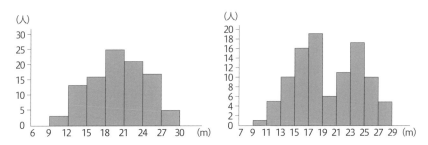

図 4-5　同じデータの階級幅が異なるヒストグラムによる整理（ハンドボール投げの記録）（文部科学省，2018，p.89 より）

5章　情報科指導の理念とその実現

1節　情報科とは

1. 情報科で生徒が学ぶこと

(1) 高等学校での情報科の実態

　あなたは，高校生時代に受けた「情報科」の授業の内容について思い出すことができるだろうか。思い出すことができたとして，高校での学習の何に役立ったという実感をもっているだろうか。筆者は毎年，大学生に対する最初の授業でこの質問をしてきたが，出身高校が普通科・工業科いずれでも，ほとんどの学生が「内容が全く思い出せない」という回答が続いている。思い出すことができた場合も，機器の操作など断片的な活動に限られ，情報科全体で何を学んだかを説明できていない。

　もしあなたが，高校の情報科で印象に残る授業を受けた記憶があるならば，それはとても幸せなことといえる。ただし，それが情報科の目指す学習目標に当てはまっていたのか，続きを読みながら，もう一度考えてみてほしい。なんとなく終わった記憶の人も，情報科が本来何を目的とする教科なのか，興味をもって読んでほしい。

(2) 情報科は情報活用能力を学ぶ科目

　情報科は，平成10年3月告示の学習指導要領に初めて設置された，比較的新しい教科である。設置の理念は，「情報化の進展に対応した初等中等教育における情報教育の推進等に関する調査研究者会議」による，平成9年10月3日の第1次報告「体系的な情報教育の推進に向けて」に記されている。

　この報告書によって，小学校から高等学校まで体系的に「情報活用能力を育成すること」が「情報教育の目標」として提案された。「情報活用能力」の内容は以下の3つに分類・整理されている。

　①情報活用の実践力
- 課題や目的に応じた情報手段の適切な活用
- 必要な情報の主体的な収集・判断・表現・処理・創造
- 受け手の状況などを踏まえた発信・伝達
　②情報の科学的理解
- 情報活用の基礎となる情報手段の特性の理解
- 情報を適切に扱ったり，自らの情報活用を評価・改善するための基礎的な理論や

方法の理解

③情報社会に参画する態度

- 社会生活の中で情報や情報技術が果たしている役割や及ぼしている影響の理解
- 情報モラルの必要性や情報に対する責任
- 望ましい情報社会の創造に参画しようとする態度

お役所的な文章でわかりにくいかもしれない。そこで，これをより身近な事柄を加えて表現してみたい。

①情報活用の実践力は，情報を集め，取捨選択して整理し，分析や考察を加えて相手に伝えるという，あなたを含む，誰もが日頃行っている活動を考えるのがわかりやすいだろう。このとき，情報を集め，伝えるために，どのような手段をとるのかを考えること，そして，どうやったら相手に負担を与えずに，効率よく伝えられるかを考え，的確に実行できる能力を「実践力」と呼んでいる。現代ではこれに加え，個人がブログやSNSで文章・写真・動画を発信し，旧来のメディアである本や新聞・雑誌・テレビ番組までもがネットで配信され，個人の発信と同列にSNSにシェアされるため，意識的に遮断しなければ洪水のように情報が届いてしまう。そこでこれからは，届いた情報の信憑性を含む判断や，情報の中に受け手を惑わす隠された意図がないか，批判的に読み解く能力も「実践力」として身に付けることが必要になってきている。

②情報の科学的理解として，理工系学生のあなたは，情報を表現する方法の1つにデジタル表現があり，デジタル情報を伝え，必要な形に加工する情報技術を思い浮かべるだろう。だがそのほかに，情報を誰にとってもわかりやすく正確に伝えるために，人間の感覚や脳の働きである認知能力，つまり生物である人体の仕組み，特にセンサーとなる目や耳などの特徴や，脳の働き，心の働きの特徴について知ることも必要となる。さらに現代では統計を用いて情報を分析し，問題解決に活用するデータサイエンスが重要といわれており，その裏付けとなる数学的な基礎知識をもち，統計を扱う技能を学ぶ必要がある。

③情報社会に参画する態度は，いわゆる情報モラルに関わる事柄を理解することが最初にあげられるが，高校段階では情報セキュリティを含めた技術を理解し，関連する法律についての一定の知識をもち，なぜそのようにすべきなのか，なぜそうしてはいけないのか，理性的に判断できる必要がある。さらに，現代は人工知能やロボットと共存する社会へと向かいつつあり，それがもたらすよい面・危惧すべき面の両方を考えながら，あなた自身の暮らし，そして社会をよりよくするために，自分にできることを前向きに考えることが必要となる。

(3) 情報活用能力と問題解決

　情報活用能力の内容を見ることで，情報教育は「情報とは何か」のみを学ぶのではなく，人や社会に存在する問題を，情報技術その他の知識を組み合わせて解決する方法について学ぶ側面があることに気づいただろう。さらに，問題解決することで，「こうすればこの種類の問題は解決できる」という新たな情報が生み出されていることにも気づくだろう。

　現代社会は情報技術を社会に導入することによって規模と効率を両立させながら，社会的な問題を解決することにより，人の生活に恩恵を与えてきた。例えば，食料やエネルギーの安定的な供給も，エネルギー需要や産地の状況を把握し，適切に管理しながら，流通網を効率的に維持することで達成されている。このように，社会や生活を支える情報技術は，データとその分析・判断，通信などコミュニケーション手段，そしてこれらを支える情報システムからなる。学校教育として，これからの社会を担う若者に，未来の社会で生じる新たな課題を解決し，発展させていくための知識と技能，実際に解決できる能力を身に付けさせることは必要である。問題解決において，問題の把握と分析に情報の考え方を用い，その解決に情報技術を活用することは有用であり，今後ますます重要となる。情報科を通して，それらを実践的に学ぶことは，生徒にとって，また将来の社会にとって大きな意義があるといえる。

2. 情報科の構成

(1) 「共通教科情報科」と「専門教科情報科」

　情報科で高校生が学ぶ具体的内容を，教科の内容を通して見てみよう。情報科は，2つの教科から構成されている。1つが，すべての高校生が学ぶ「共通教科情報科」，もう1つが，専門学科を開設する高校（工業高校や総合高校など）に主に設置され，専門学科（情報科，情報技術科，電気情報科など）において専門的職業に関わる内容を学ぶ「専門教科情報科」である。

　「共通教科情報科」は「情報Ⅰ」「情報Ⅱ」の2つの科目から構成され，「情報Ⅰ」は必履修科目である。したがって，「情報Ⅰ」はどのような学科であれ，原則としてすべての高校生が履修しなければならない。そして，情報の専門学科では，その後「専門教科情報科」の科目を履修していくことになる。普通科でも，「専門教科情報科」の科目の設置は可能である。よって，情報科の教科は2つであるが，両者には継続性がある。

　2つの教科の科目構成を，図5-1に示す。「専門教科情報科」が，4つの「共通的分野」科目と，「情報システム分野」「コンテンツ分野」それぞれ3科目，さらに2つの「総合的科目」の12科目から構成されていることがわかる。図の矢印は履修の順

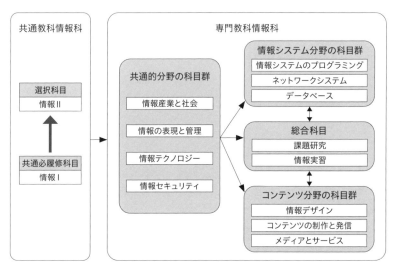

図 5-1　情報科の教科と科目の構成（文部科学省，2018 より）

序を例示しており，共通科目情報科の科目を履修した後に，関連する内容をより深く
学ぶために，専門教科情報科の科目を履修する場合である。

(2) 共通教科情報科の科目とその内容

　共通教科情報科には，必履修科目「情報Ⅰ」と，その履修後に発展的内容を学ぶ選
択科目「情報Ⅱ」がある。その内容を表 5-1 に示す。

　「情報Ⅰ」の①では，問題解決のプロセスと具体的方法について学び，それを用い
て情報技術の発展に伴う社会への影響について調べ，望ましい情報社会を構築するた
めに，どのように情報技術を活用していくかを考える。「情報Ⅱ」の①では，「情報Ⅰ」
全体で学んだ内容を踏まえ，将来実現される情報技術の応用と，それによる人の生き
方・働き方について幅広く検討する。

表 5-1　共通教科情報化の内容

情報 Ⅰ	情報 Ⅱ
①情報社会の問題解決	①情報社会の進展と情報技術
②コミュニケーションと情報デザイン	②コミュニケーションとコンテンツ
③コンピュータとプログラミング	③情報とデータサイエンス
④情報通信ネットワークとデータの活用	④情報システムとプログラミング
	⑤情報と情報技術を活用した問題の発見・ 　解決の探求

　両科目の②では，情報デザインにより円滑にコミュニケーションできるコンテンツの制作をグループで行う。「情報 I 」ではデジタル表現やコミュニケーションにおける人の特性に関する学習が含まれるが，「情報 II 」では複数メディアを用いたコンテンツの制作と，社会へ発信する際に必要なプライバシーや権利の保護のための技術，社会的影響を評価するための技術的方法を理解し必要に応じて利用する。

　「情報 I 」の③でコンピュータの内部表現による計算誤差，アルゴリズムと計算量，モデル化について学び，問題をモデル化しプログラムする方法について学ぶ。また，数理モデルを用いて自然現象や社会現象をシミュレーションするプログラムに触れる。この学習で，オープンデータや，API を利用したプログラムについても必要に応じて扱う。「情報 II 」では，情報システムの設計・実装・運用のためのソフトウェア開発プロセスとプロジェクトマネジメントについて学び，グループで情報システムの制作を行う。

　「情報 II 」の⑤は共通教科情報科全体の総まとめとなる問題解決のプロジェクト学習である。この性質から，授業期間にわたり分割して取り組んでもよい。

(3)　専門教科情報科の科目と共通科目情報科との関係

　専門教科情報科は，情報産業の各分野で情報技術を健全に活用し社会の発展に携わる職業人に必要な資質・能力の育成を目指す教科である。そのため，共通教科情報科の学習内容をより広く深く学ぶよう，12 科目が設定されている（具体的な科目名は，図 5-1 を参照）。このうち，共通的分野の「情報産業と社会」，総合科目の「課題研究」の 2 科目が原則履修科目である。

　共通的分野の 4 科目は，専門教科情報科の情報システム分野とコンテンツ分野いずれにも共通する内容を含んでいる。「情報産業と社会」は，情報産業が社会で果たす役割と，そこに従事する情報技術者の業務に伴う責務について，具体的な事例に基づいて考えられることを目標としている。「情報の管理と表現」はコミュニケーションとデータサイエンス及び文書管理を内容としており，前二者は「情報 II 」の内容を，より深く扱う。「情報テクノロジー」ではコンピュータのハードウェアとソフトウェアの仕組みを学び，情報システム構築と運用に関する技術を学ぶ。「情報セキュリティ」は，その概念と技術，法，管理運用について系統立てて扱う独立の科目である。

　情報システム分野の 3 科目は，この内容を進路選択した生徒が主に履修する科目である。「情報システムのプログラミング」は，ソフトウェア開発プロセスについて深く扱う。「ネットワークシステム」はネットワークシステムの設計と構築を扱い，ここにはサービスを実現するプログラムの開発が含まれる。「データベース」は関係データベースに関する一般的内容と，データベース管理システムの設計・運用・保守を学ぶ。

　コンテンツ分野の 3 科目も，この内容を進路選択した生徒が主に履修する科目である。「情報デザイン」と「コンテンツの制作と発信」は，「情報Ⅱ」の内容を，より深く体系的に扱う。「メディアとサービス」は，サービスとしてコンテンツを配信する技術とその構築と運用，法について扱う。

　総合分野の 2 科目は，プロジェクト学習を行う科目である。「情報実習」は，情報システムやコンテンツの制作を，生徒の生活や地域社会の課題解決として実習する。「課題研究」は，情報産業の課題解決を題材とした，教科の総まとめとなる科目である。

(4) 中学校技術・家庭科との関係

　小中高校における体系的な情報教育として，小学校では「プログラム的思考」を育むため，各教科の学習やその他の時間で情報として事象をとらえ，論理的な操作を考え，プログラミングする活動が行われる。これを受け，中学校技術・家庭科技術分野では，まず，情報のデジタル表現，コンピュータの構成要素とそれらの働き，ネットワークのパケット通信の仕組み，メディアの特徴，社会にある情報システムの例，情報セキュリティに関する基本的技術について学ぶ。そして，ネットワークを用いた双方向性のあるコンテンツのプログラミングと，計測と制御のプログラミングについて実習する。

　ネットワークを用いた双方向性のあるコンテンツとは，人など外部からの入力に対する応答がネットワーク経由で生じる，ある目的をもった制作物のことである。プログラミング言語の通信機能を利用して，ネットワークの先にいる利用者が画面操作を行うと表示が変化するようなプログラムといえる。その 1 つの例として，学習指導要領解説では，メッセージングサービスを模した簡易な対話プログラムが示されている。

　計測と制御のプログラミングでは，生徒の日常生活にある問題を解決するためにセンサーを用い，判断を行い，アクチュエータを制御するシステムを構想して，擬似的であれ生徒はその概念を実現する。そのためにセンサーとアクチュエータの性質を調べ，解決するための組み合わせを選択し，必要な機構などの仕組みを製作し，自動処理するプログラムを完成させる。

　高校の情報科では，こうした中学校までの学習を踏まえ，生徒の実態に合わせた内容の取り扱いを考える必要がある。プログラミングの基本的な学習と，センサーやネットワークを用いたプログラム作成のイメージをもつ経験は，中学校までで実施されていることを前提として授業を考える必要があるといえる。

2 節 情報活用能力とその育成

1. 情報活用能力は「学習の基盤」

　平成 29 年 3 月告示の小中学校，平成 30 年 3 月告示の高等学校学習指導要領では，小学校から高校学校すべてに共通する事柄として，「学習の基盤となる資質・能力」の中に，言語能力に並び，情報活用能力が新たに明記された。

　言語能力は，これまでの学習指導要領で「言語活動の充実」として重点化された学習目標であり，学習指導要領に情報活用能力が言語活動と併記された意味は大きい。

　情報活用能力を言語能力と同列に位置づけた理由は，文科省が長年にわたり情報活用能力の育成を学校に促してはきたものの，実際には十分な教育効果をあげられていなかったことが，以下のような客観調査の分析により明らかになったためである。

　文部科学省が平成 29 年 1 月に公表した「情報活用能力調査（高等学校）報告書」は，冒頭の文章で，「調査結果を概観すると，（中略）与えられた情報の意味を理解する問題は比較的よくできているものの，必要な情報を主体的に検索したり，それらを関連づけて考察し表現したりするような能力については，決して高いとは言えず，大きな課題があることがわかる」と，調査結果を端的にまとめている。また，OECD（経済協力開発機構）による PISA2015 国際学力調査で，日本の読解リテラシーが 6 位に後退した理由として，以下のような記述もある。「今回の調査からコンピュータベースで実施され，日本では，子供たちがコンピュータ上の複数の画面から情報を取り出し，考察することに慣れておらず，戸惑いがあったことが一因であるという指摘がある。確かに，先進諸国の中で，ICT の導入率はむしろ低いほうで，とりわけ国語の時間におけるコンピュータの利用率の低さは際立っていることが他の調査で示されている」。

　日本の学力平均値はこれまで，先進国の中で上位の結果を出してきた。しかし，テストの方法を変えることで，情報を集めて比較したり関連を考えたりするような，情報活用能力が必要な場面で，日本の生徒は世界に遅れをとっていることがわかったのである。

2. 情報活用能力を構成する資質・能力とは

　平成 30 年告示の学習指導要領は，学校は児童生徒の資質・能力の育成を担う場であるという立場から，言語能力と情報活用能力は教科横断的な資質・能力であるとし，主体的・対話的で深い学び（いわゆるアクティブラーニング）の実現に向けた授業改善を求めたことが特徴である。では，情報活用能力を構成する資質・能力とはどのよ

うなものだろうか。

　以下に，平成 28 年 8 月 26 日に公開された，中央教育審議会教育課程部会「情報ワーキンググループにおける審議の取りまとめ」の資料 3 に掲載された内容を掲載する。出典では表形式だが，読みやすさのため，箇条書きに改め，3 つの評価観点の意味を「総則・評価特別部会」資料から補った。

知識・技能（何を理解しているか・何ができるか）
- 情報と情報技術を適切に活用するための知識と技能
- 情報と情報技術を活用して問題を発見・解決するための方法についての理解
- 情報社会の進展とそれが社会に果たす役割と及ぼす影響についての理解
- 情報に関する法・制度やマナーの意義と情報社会において個人が果たす役割や責任についての理解

思考力・判断力・表現力等（理解していること・できることをどう使うか）
- 様々な事象を情報とその結びつきの視点から捉える力
- 問題の発見・解決に向けて情報技術を適切かつ効果的に活用する力
  　―必要な情報の収集・判断・表現・処理・創造に情報技術を活用する力
  　―プログラミングやシミュレーションを効果的に実行する力
  　―情報技術を用いたコミュニケーションを適切に実行する力
- 複数の情報を結びつけて新たな意味を見いだす力

学びに向かう力・人間性等（どのように社会・世界と関わり，よりよい人生を送るか）
- 情報を多面的・多画的に吟味しその価値を見極めていこうとする態度
- 自らの情報活用を振り返り，評価し改善しようとする態度
- 情報モラルや情報に対する責任について考え行動しようとする態度
- 情報社会に主体的に参画し，その発展に寄与しようとする態度

（中央教育審議会，2016 より）

　これを再び，前節で取り上げた「情報活用能力」の 3 項目「①情報活用の実践力」「②情報の科学的理解」「③情報社会に参画する態度」の箇条書き部分と読み比べてみよう。資質・能力は，よりよい問題解決を行うため，という目的に必要なものとして整理されていることに気づくだろう。情報活用能力とは何かが，より立体的に見えてくるのではないだろうか。

3.　情報活用能力の学習過程

　さて，情報活用能力を，主体的・対話的で深い学びとして身に付ける学習過程とはどのようなものだろうか。

　再び，主体的・対話的で深い学びとはどのようなものか確認しておこう。以下に，学習指導要領策定にあたり，「アクティブラーニングの視点」として中央教育審議会教育課程部会「総則・評価特別部会」で整理されたものを示す（中央教育審議会，2016）。

主体的な学び（学ぶことへの興味・関心，自己のキャリア形成の方向との関連づけ）
　見通しをもって粘り強く取り組み，自らの学習活動を振り返って次につなげる学びの過程の実現
対話的な学び（生徒間の協働，教員や地域の人との対話，先哲の考えを手がかりに）
　他者との協働や外界との相互作用を通じて，自らの考えを広げる学びの過程の実現
深い学び（思考・判断・表現，資質・能力の育成，学習への動機づけ）
　習得・活用・探究という学習プロセスの中で，問題発見・解決を念頭に置いた学びの過程の実現

　ここで，「深い学び」がさらなる学習への動機づけとなり，「主体的な学び」とそれを広げる「対話的な学び」につながっていることに着目しよう。対象に興味をもち，自ら学び始めた生徒は，自分の考えを確かめるため，考えの手助けを得るために周囲の人と意見を交わす。こうして多様な考えや新しい知識に触れることで，さらに深く，根源的な知恵に近づく動機を得ることになる。なかには，過去の自らの経験との関係に気づき，それを確かめる行動を起こす生徒もいるだろう。これが，未来を自ら切り開く，生徒が自ら学び続ける資質・能力を養う学習過程として想定された理想像といえる。

　さらに，これを実現する学習活動として，問題発見と解決が設定されている。

(1)　問題解決のプロセスを情報活用能力の学習過程に当てはめる

　生徒にとって，身の回りで日頃感じている問題点や，なりたい自分に足りないと感じていることが，最も解決したい問題であろう。問題を解決するためには，その問題の根本原因を見つけ出すことが必要である。そのために，よく似た事例や成功ストーリーを集め，何が原因で，どうしたら解決できるのか，自らの問題と比較して類似と相違を見極め，問題から枝葉を取り除き，シンプルな表現にする。これが，**問題の定**

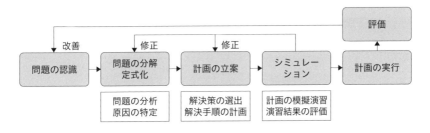

図 5-2　問題解決のプロセス

式化，あるいは**モデル化**と呼ばれるプロセスに相当する。問題が複雑な場合には，単純な問題に分解することでよいモデルを作ることができるかもしれない。解決には，一定の手順を踏む必要があり，多くの場合，複数の解決手段を順序立てて順番に実行する必要がある。このプロセスを，**計画の立案**と呼ぶ。しかし，立てた計画が必ず成功するとは限らない。そこで，一定の条件を与えて計画を模擬演習し，予測された結果次第では，計画立案，問題の分解，定式化まで戻って修正する必要がある。この模擬演習のプロセスを，**シミュレーション**と呼ぶ。最終的によい結果の予想が立ったならば，実際にその**計画を実行**する。実行結果を振り返り，得られた知見（気づいたこと，学んだこと）をまとめ（**評価**し），次の**改善**へ生かす。これが問題解決のプロセスである。こうした全体の流れを，図 5-2 に示す。

(2)　問題解決のプロセスを学ぶ教材

　問題解決のプロセスを理解するには，失敗が許される仮想的な問題を用意して実際にシミュレーションを含む一通りの体験をするのがよい。このための教材として，英国を中心にしたグループが開発した Bowland Maths★1 を紹介する。Bowland Maths は数学的アプローチで問題解決を行う教材である。少数のデータから比例式のような単純な数式モデルを作って結果を予想するもの，途上国の水資源問題，現実社会にあるデータを用い，何を犠牲にして何を優先するのか自分の考えをもった上で解決策を考え，得られた結果の評価を生徒間で議論させるものまで，教室用 26 種類，家庭学習用 35 種類の課題がある。教師向け資料及び指導案，生徒用マニュアル，提示用スライドなど文書も整備されている。課題の中には，Excel 上で数値を変え，用意されたグラフ形状の変化を見ながらシミュレーションするものもあれば，Web ページに教材一式をまとめ，示された課題を見ながら数値をグラフ化するなどして解決を考えさせるもの，Flash や Windows アプリとして作り込まれたプログラムを操作するものもある。教材は学校教育と非営利団体の利用に限り無償であるため，利用申請をしてパスワードを得なければ実行できないものもある。文書はすべて英語であるが，東

京学芸大学を中心とするグループが日本語版を作成し，「ボーランド・ジャパン」として日本オリジナルの教材を加え，公開している。日本の学校で利用する場合，「ボーランド・ジャパン」のサイト★2から「Bowland Maths の教材の紹介」をクリックし，日本語訳された教材を閲覧するのがよいだろう。

（3）教材例：Reducing road accidents

　図 5-3 は，英語版の教材「Reducing road accidents（交通事故を減らそう）」の画面である。Flash で作られており，Web ブラウザ上で動作する。図 5-3(a) に示されるような，仮想の街で 4 年間に生じた 120 件の交通事故データに対し，10 万ポンドの予算内で，監視カメラ，標識，信号機，ガードレールなど，それぞれ価格が異なり，設置可能な場所に制約がある複数の設備を設置する計画を立て，生徒自身が最も効果的と考える交通事故減少の対策を探索的に求める活動を行うものである。

　事故データは，発生の年月日及び曜日と時刻，被害者の年齢，性別，事故遭遇時の交通手段（徒歩，自転車，二輪車，自動車），路面の滑りやすさ（乾燥，濡れ，霜，凍結），事故地点の制限速度，怪我の程度（軽症，重症，死亡）の情報を含む。学校周辺では朝夕の通学時間帯での児童生徒の被害が多く，幹線道路では自動車の重大事故。中心街では多様な年齢層で多くの事故が生じ，交差点や広い道路への出口に事故地点が集まる。この設定のもとで，生徒は自らの生活実感から解決策を想像する。マップ表示はマウス捜査により拡大縮小でき，ドラッグしてスクロールさせ，事故時点をクリックすることで，該当する事故の詳細を見ることができる。図 5-3(b) は，事故多発曜日ごとの事故件数を棒グラフ表示したものである。グラフ表示は，年齢別，制限速度別など属性を切り替え，それぞれの傾向を読み取ることができる。さらに，図の下部に見えるように，表示するデータを選択するチェックボックスや，数値の範囲

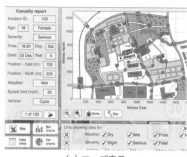
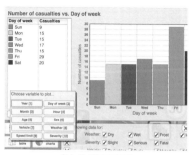

（a）マップ表示　　　　　　　　　　　　　　（b）棒グラフ表示

図 5-3　Bowland Maths の教材例

指定欄を出し，データの絞り込みを行いながらグラフとマップ上の事故地点表示を観察し，より詳しく事故の傾向を分析することもできる。

　本教材は，交通事故を減少させるためにとれる手段が予算によって制約されるように設定されている。そのため，データ分析によって得られた事故原因の仮説に対し，とることができる対策が限られる。生徒は，データをもとに，減少させるべき交通事故被害とは何かを自ら判断し，優先順位をつけ，費用対効果に見合った設備の設置を計画する必要がある。単に「死亡事故をゼロにする」という目標のみでは，予算内で誰もが納得できるような対策をとることができない。事故の状況が多様であるため，包括的な対策が不可能だからである。しかし，優先すべき対策は何かを考えることで，予算内で効果的に交通事故を減らす提案を見いだすことができる。例えば対象年齢を 18 歳以下に限定することを考える。この設定でデータを見ると，事故現場は学校の正門付近と住宅地，幹線道路に限定されていることがわかる。また，自転車の場合，幹線道路沿いの事故がほとんどであることもわかる。あるいは，年齢と無関係に，交通手段を徒歩者と自動車の場合に限定することを考える。このデータからは，重症または死亡の件数が多く，自動車は交差点や T 字路が多数であり，歩行者は人が集まる場所での事故が多いことがわかる。

　このようにして導かれた対策は，データ分析をした生徒の判断によって，何を優先すべきかが異なっている。したがって，生徒が提案する対策ごとに，設置する設備の費用対効果が，人や車の動線を考慮した説得力のある主張となっているか，互いに話し合わせる活動ができる。これを通し，生徒は，問題解決の評価と，計画の改善を行うための重要な知見が得られると期待できる。

3 節　情報科の授業実践

1. 教材研究の考え方

(1) 情報科特有の困難さ

　情報科の扱う内容は，社会で用いられる技術と関連する諸学問の理解を前提としているため，授業を構想するにあたり，学習目標を達成するために，生徒の実態に合わせて学習内容をどのように扱うか，考慮すべき条件を定めることが難しい。学習指導要領解説（文部科学省，2018）に示された，内容ごとの学習目標や指導方法は抽象的である。そのため，例示の具体的記述は学習内容のガイドと見るよりは，授業で取り上げるキーワードを示すものと理解すべきである。したがって，学習指導要領解説は，授業構想のためには手がかりが乏しい。教科書も，学習指導要領解説の記述を意識して執筆されるため，同様な困難さがある。したがって，情報科の教師には不断に知識

の更新を行いながら教科で扱う技術や学問の本質的理解を深め，授業アイディアの蓄積を行うことが望まれる。

　一方で，人数の少ない情報科教師にとって，教師集団による自己研鑽にも限界がある。そこで，質の高い公的な研修が望まれることになった。

(2) 文部科学省による教員研修用教材

　令和元年 10 月公開の「高等学校情報科『情報 I 』教員研修用教材」（文部科学省，2019）は，2022 年より実施の「情報 I 」に対し，担当教師の専門性を高める目的で作成された，現職教員向け教材である。これが Web により広く公表されたことで，誰もが入手し活用できる資料となった。本教材は，情報科の学習指導要領に沿った内容ではあるが，授業担当の教員向けとしたことで，教師が教材研究にあたって理解しておくべき，高い専門性を得るための演習や実習が含まれている。例えば「情報通信ネットワークとデータの活用」について，学習指導要領解説には，セキュリティを考慮したネットワーク構築，ネットワークの障害対応，オープンデータとオンラインサービスを用いたデータ分析，キー・バリュー形式のデータを用いた人のつながりの表現，テキスト分析のためのワードクラウドによるテキストの可視化，小説のテキストマイニングなどが例示されている。いずれも個別に一定の時間と学習コストのかかる内容であるが，本教材では，これらすべてを演習課題として解説し，利用する教育委員会や教師の側が自主的に内容を選択して取り組むことができるようにしている。

　また，この教材は「情報 I 」用とされているものの，「情報 II 」や専門教科情報科の内容も含まれている。例えば，問題解決において，地理情報データから分析を行う際に GIS（地理情報システム）を使う例示は，学習指導要領解説では「情報 II 」の「情報とデータサイエンス」に記述されている。このように，全体として，「情報 I 」の内容のための知識解説は学問における本質部分をまとめた，十分な記述がある。このことで，「情報 II 」や「専門教科情報科」で発展的に扱う場合にもそのまま活用できる資料となっている。

(3) 指導の展開例の活用

　この教材には，研修に用いた題材を，生徒を意識した授業に展開する場合の例が題材ごとに添付されている。1 つの題材について，授業展開の場面ごとに発問・学習活動・指導上の留意点・まとめが示されており，指導上の留意点には実際に学校で授業を行う場合の限界についての記述もある。それらの内容は，担当教員の判断でアレンジできるよう，発問は抽象的に，学習活動や実習内容の根幹部分をコンパクトに記述するにとどめてある。よって，教員はこれをベースとして，自身が授業に設定しようとする背景ストーリーや生徒の理解しやすい表現に合わせて，また生徒が普段用いる情報機器やアプリケーションに合わせて，具体的な発問と生徒の活動を含む授業展開

を考えることができるようになっている。

2. 学習環境の構築

(1) 実践的・体験的な学習活動の支援

　学習指導要領では，教科を問わず，生徒による問題解決を通した実践的・体験的な学習活動が求められている。情報科では，コンピュータとセンサーなどの外部機器，情報通信ネットワーク，ソフトウェアを用いた活動やプログラミングを通して，学習内容をより深く学ぶことが必要である。そのために，生徒にとって扱いやすく，教員が授業に合わせた設定を効率的に行うことができる学習環境が必要となる。

　学習指導要領に示されているオープンデータの活用は，そのヒントとなる。情報科で生徒が自身の日常や社会の中から課題を見いだし解決するにあたり，政府や自治体，企業などが提供する公的性格の強いデータを分析することは，有力な手段である。また，データ分析ツールについても，基本的な分析を簡便な操作で処理できる無償のWeb アプリケーションが公開されており，教師はこれを使うことで，授業のためにソフトウェアとその操作を理解し，準備する手間を軽減しながら授業実践に臨むことができる。

　このように，Web アプリケーションの利用は，コンピュータ処理にまつわる学習環境の整備を容易にするための選択肢として有力である。そこで本節では，読者の教材研究に役立ててもらうことを意図して，情報科の学習内容に利用できると考えるWeb 上のリソースや Web アプリケーションを紹介する。

(2) データ分析のためのリソースとツール

　平成 29 年 5 月に内閣官房がまとめた「オープンデータ基本方針」により，現在では全国の多くの自治体が一定の形式で各種データを提供しており，地域の課題分析や，全国的な比較にも活用することができる状況にある★3。政府統計は，「e-Stat 政府統計の総合窓口」★4からダウンロードできるほか，このサイトがもつ「統計ダッシュボード」機能により，統計データを選択してグラフ化し，大まかな傾向を読み取ることもできる。e-Stat は WebAPI をもつため，プログラムからサイトに接続し，データを入手して分析などに利用することができる。他にも政策ごとに関連省庁が集めた民間を含むデータを公開するサイトがある。「RESAS」★5は，地域経済の活性化のための基礎データ提供を目的に，経済産業省と内閣官房が共同で設置したポータルサイトである。RESAS でも WebAPI が提供されている。

　また，このデータを地図上にプロットしたり，統計情報に合わせて地図を塗り分けたりする「地理情報システム（GIS）」の簡易版「jSTAT MAP」★6が，e-Stat の機能として Web 上に無償提供されている。このシステムは Web ブラウザの中で使うこと

ができる。また，統計情報として自ら集計して作成したデータも，アップロードにより地図上の可視化データに加えることができる。「jSTAT MAP」の使い方は，前節で紹介した文科省の教員研修用教材に掲載されている。

　グラフによる統計データの可視化は，無償の統計解析ソフトウェア「R」が扱いやすい。文科省の教員研修用教材にも，R を用いて可視化を行いながら探索的に課題を分析する例が示されている。これを Web ブラウザのみで実行できるオンライン環境が，rdrr.io★7に設置されている。このサイトを開き，「Run R code online」をクリックして「Snippets」のページに遷移すると，画面中央に R のプログラムを編集する欄がある。ここにプログラムを入力した後，すぐ下にある「Run」ボタンをクリックすると，実行結果がその下に追記される。実行結果には，ggplot2 パッケージを用いたグラフも含まれる。ただし，学習指導要領解説に例示されている，日本語のテキストマイニングを rdrr.io で行うことはできない。rdrr.io には日本語形態素分析するパッケージが用意されておらず，分析するテキストファイルをアップロードすることもできない。しかし，英語のテキストをプログラムの中に直接記述して分析を行ったり，ワードクラウドを作成したりすることはできる。

(3)　プログラミングによる問題解決のリソースとツール

　情報科の学習では，生徒が問題解決をプログラミングによって行う場面を様々に設定することが期待されている。「情報Ⅰ」では問題の発見と解決のために，モデル化とシミュレーションを行う方法を学ぶ。このとき，プログラミングを通して，モデルを数式で表現しシミュレーションを行う基本的な方法を理解する段階がある。また，問題を発見するためにデータの分析が必要となるが，データの取得に WebAPI を通してオープンデータにアクセスしたり，センサーを用いて物理的な値を時系列的に取得したりする場面では，プログラミングが必要となる。データの操作と可視化を伴うデータの分析に，プログラミングが必要となる場面も考えられる。さらに，「情報Ⅰ」では必ずしも求められていないが，「情報Ⅱ」や専門教科情報科の科目では，生徒が自身の問題解決を，プログラミングを含む情報システムの設計と開発によって行うことになる。

　このように，情報科で生徒が取り組むプログラムの機能は幅広い。そこには，センサーなど外部機器を利用すること，HTTP などのプロトコルでネットワーク通信を行うこと，WebAPI が返す JSON のようなデータ表現を利用すること，表形式その他の構造をもつデータを操作すること，データをグラフなどにより可視化することが含まれる。生徒がプログラミング言語を学ぶコストを考慮するならば，1 つの言語でこれらすべてに無理なく対応できることが望ましい。先に紹介した教員研修用教材では，その例として Python 言語を採用している。Python は言語の構文が比較的シンプ

ルであるため，英語圏では入門用のプログラミング言語として学校で利用されること
が多い。その一方で，パッケージによる幅広い拡張性から，研究や商用を含む実用的
なソフトウェア開発に用いられる言語でもある。情報科のプログラミング言語に求め
られる機能は，Python の言語仕様とパッケージによって網羅されているといえる。

　教員研修用教材では，Python による簡単な計測制御のプログラムとして，
micro:bit を用いた実習が掲載されている。micro:bit は小学校を含むプログラミング
学習用のマイコン基板であり，ブロックプログラミングの他に，MicroPython を用い
たプログラミングができる。MicroPython は，組み込み用マイコンの小さなメモリで
も実行できるよう，機能を限定した Python である。MicroPython によるプログラム
例と API リファレンス[8]が，micro:bit 教育財団の公式 Web サイトにある。micro:bit
には公式の MicroPython プログラミング環境として，PC にインストールする「Mu
エディタ」[9]と Web ブラウザだけで実行できる「Python Editor」[10]がある。どちら
も画面と操作は同じである。

　データの操作と可視化，またシミュレーション結果の表示について，教員研修用教
材では Python の標準機能によるデータ操作と，Matplotlib パッケージによるグラフ
作成の方法が実習内容として示されている。しかし，表データの操作，すなわち
Excel のワークシートや関係データベースに似たデータ形式の操作のほうが，より直
感的なプログラミングには必要だろう。Python では，Pandas ライブラリを用いて表
データを扱うことが一般的である。Pandas のチュートリアルは Web 上に多数あるた
め，「Pandas 使い方」などのキーワードで検索するのがよい。可視化ライブラリとし
ては，Matplotlib をもとに，より見やすく，データ分析によく用いられる統計グラフ
を作成できるパッケージがある。その 1 つである Seaborn ライブラリは，Web 上に
日本語の情報が充実しているため，学びやすい。また，統計ツール R の ggplot2 パッ
ケージによる可視化に慣れている場合には，plotnine ライブラリを試してみるのがよ
いだろう。plotnine は，ggplot2 と同じ構文で可視化命令を記述でき，他の類似のラ
イブラリに対して，ggplot2 グラフの再現性が比較的高いとされている。

　PC 上に Python の実行環境を構築することは，学習環境の PC への整備という点で，
学校と教師への大きな負担となりかねない。そこで，Web ブラウザで実行できるオ
ンライン環境の利用を検討する価値がある。プログラム開発のための，編集画面と実
行画面，デバッグ画面をもつオンライン統合開発環境として，repl.it[11]を紹介する。
Python に対応した無料のオンライン開発環境は多数あるが，repl.it の大きな特徴は，
ライブラリの自動インストール機能にある。このことで，任意のライブラリ使ったプ
ログラムをそのまま実行できる可能性が高い。また，画像ファイルを画面に表示する
機能があるため，Matplotlib の show() 関数のかわりに，savefig('画像ファイル名') を

記述することで，開発画面内にグラフの表示ができる。その他，Google Colaboratory の利用も検討の価値がある。これは，オープンソースの Python オンライン実行環境である Jupyter Notebook[★12] と Google Drive を結合したサービスであり，大規模な機械学習に対応した Google の巨大なハードウェアを利用できる。Jupyter Notebook は，オンラインで作成する文書の中に，Python プログラムとその実行結果を同居させることができ，プログラムに隣接するボタンを文書内でクリックすると，実行結果がプログラム直下に挿入される形で，対話的にレポートを作成するものである。Google Colaboratory では，文書が Google Drive に自動保存されるため，これを共有することで，生徒の共同プログラム開発や，教師へのレポート提出を支援できる。ただし，Google のサービスは突然廃止される場合が多いという懸念がある。

4 節　情報科のこれから

1.　これまでの情報科の実態

　情報科は平成 11 年改訂の高等学校学習指導要領にて新設され，2003（平成 15）年に実施となったが，それ以後長く高等学校関係者の間で十分な意義が共有されない状態が続いてきた。普通教科としてすべての学校での必履修教科として 3 科目が設置されたものの，ほとんどの高等学校での設置が 1 科目にとどまり，3 年間で 2 コマの授業のみとなったこと，入学試験に採用する大学が限られ受験生に対する割合が少ないままであったこと（中森・竹田，2007；筧・中山，2018）などを理由に，教科として十分な取り扱いがなされてきたとはいえない。情報科は，2006 年の「未履修問題」（情報処理学会，2006）の科目の 1 つとなるなど，学校が編成するカリキュラムでの位置づけが低かった。また，2013 年までの文部科学省とりまとめの分析により明らかとなった，臨時免許授与者や免許外教科担任による専門外の教員が授業を担当する割合がおよそ 3 割である実態（中山ほか，2017）がある。こうしたことが，本章の冒頭で指摘した，「情報の授業について思い出せない」大学生が多いことの背景になっていると考えられる。

2.　学習指導要領（平成 30 年告示）以後の動向

　このことは，現在広く人々の中に情報技術が社会に果たす役割の大きさが認知されている実態と乖離している。平成 30 年告示の学習指導要領では，「情報の科学的理解」を中心とした情報科の科目の改編と，高等学校の教科としての学問的専門性を高めた授業内容が示された。これを受け，学校側も対応を改める方向へと転換してきている。例えば，2019 年の教員採用試験実績で情報科専任教員の正規採用がなかった県が減

少し，都市部の私立学校で積極的な専任教員の採用が行われていることが報告されている（中山，2020）。この変化の背景には，平成30年の「Society5.0に向けた人材育成に係る大臣懇談会」報告書[13]に，2024年以後の大学入学共通テストに「情報」を出題科目に追加することの検討開始が記されたことで，ほとんどの受験生が選択できる大学入試科目への道が拓かれたことと，学校の特色として情報社会に対応した人材育成を示すことが競争に必要であるという認識が広まっていることが推測される。

3．情報教育が日本の将来に希望をもたらす

　現代は，自動運転技術による人や物の移動，ドローンによる物資の輸送が遠くない未来に実現することを人々が予想している時代である。また，人々はスマートフォンにより常時コミュニケーションし，アプリが提供するサービスを用いて，人の手を介さずに予約や売買注文を行いキャッシュレスの支払いをすることに慣れている。高画質なテレビ電話を使うことは珍しいことではない。こうした技術を利用して得られる大量かつ多様なデータは，分析し解釈を行うことで，自動制御の精度を高めたり，人の行動の予想しサービスの質向上に役立てたりすることができる。このような技術的なインフラを活用することで，少人数のアイディアが巨大なビジネスを生み出していることも，現代の1つの側面である。翻って日本は人口減少社会であり，生産年齢人口減少の影響は，労働集約的なサービス業において早くもサービス切り下げの影響が生じている。産業の種類を問わず，労働に対する効率を高め，奴隷労働的な業務からより生産的な内容に人の配置を転換しなければ，人々の生活の質を維持することが難しくなる。したがって，自動化できる部分を増やし，データ分析による予測をエネルギー使用などの効率化に活用し，少人数で社会に役立つビジネスが次々に生まれる状況を作っていかなければならない。このいずれにも，情報技術，特にソフトウェア技術は重要である。これが，内閣府を中心に政府が推進する「Society 5.0」[14]の意義である。

　文部科学省はこれに対し，「Society5.0に向けた人材育成」[13]を掲げ，教育改革を通して国民が文系理系の別なく数理的なものの考え方をもち，それを用いた技術により，生活や文化の質向上と社会の発展に役立てることを考え実践できる人材の育成を行うことを目標としている。高等学校段階で，これに大きく関係するのが情報科の学習である。情報科の教育を高い水準で行うことができる教員は，今後ますます求められ，そのもとで学ぶ，情報科が得意な生徒が大学の専門的な学びや社会に求められている。

　理工系学部に所属する大学生は，確かな専門的基礎知識をもち，未来につながる高度な学問に触れる機会を得てきた人材といえる。これを読んでいる，教職について多少なりとも関心のある皆さんには，将来ある若い世代が希望のある未来を自ら作り出

すことの手助けにぜひ関わっていただきたい。情報科教員を目指し，生徒との関わり
の中で互いに学び合っていただきたいと思う。

注

- ★ 1　Bowland Maths　http://www.bowlandmaths.org.uk/
- ★ 2　ボーランド・ジャパン　http://bowlandjapan.org/
- ★ 3　DATA.GO.JP　https://www.data.go.jp/
- ★ 4　e-Stat 政府統計の総合窓口　https://www.e-stat.go.jp/
- ★ 5　RESAS 地域経済分析システム　https://resas.go.jp/
- ★ 6　jSTAT MAP　https://jstatmap.e-stat.go.jp/
- ★ 7　R Notebook　https://rdrr.io/　（※ R Package Documentation ページの「Create R Notebook」ボタンから入る）
- ★ 8　MicroPython ガイド　https://archive.microbit.org/ja/guide/python/
- ★ 9　Code with Mu: a simple Python Editor for beginner programmers.　https://codewith.mu/
- ★ 10　Python Editor for micro:bit　https://python.microbit.org/v/2.0
- ★ 11　repl.it　https://repl.it/
- ★ 12　Project Jupyter　https://jupyter.org/
- ★ 13　文部科学省　2018　Society5.0 に向けた人材育成に係る大臣懇談会：Society 5.0 に向けた人材育成―社会が変わる，学びが変わる―　2018 年 6 月 5 日
- ★ 14　内閣府　Society 5.0　https://www8.cao.go.jp/cstp/society5_0/index.html（2020 年 3 月 30 日閲覧）

6章　工業科指導の理念とその実現

　日本は工業立国であり，その工業技術を支える人材の育成が，極めて重要であることはいうまでもない。工業の技術は，日進月歩で高度化し，第四次産業革命といわれるほどIT化が進むと同時にサプライチェーン等のグローバル化が進んでいる。工業教育もそのことを踏まえ，技術・技能の知識やスキルの教育だけではなく，グローバルな視点から広い視野をもち，独創的な発想で新しいものを生み出す力を育成しなければならない。ここでは，そのような視点に立ち，それぞれの工業教育の事象について解説する。

1節　工業教育とは

1. 工業教育の意義と役割

　科学技術の進歩は，人類の生活を豊かにし，潤いを与えてきた。工業教育は，基礎的分野である科学技術をより具体化し，人間が実際に使えるように具現化する技術を習得するための教育といえる。日本は天然資源に乏しく，科学技術の分野で常に世界をリードし，国を支えていかなければならない宿命を負っており，工業教育は，それを担う優秀な人材を育てる重要な役割を担っている。

　工業高校は，かつて中堅技術者の養成を目的としていたが，高学歴社会となり，その地位は大学の工学部に移ってしまった感がある。しかし，大学工学部では，専門分野の理論と実験に多くの時間を費やすが，ものづくりの技能的実践教育は，ほとんど行われておらず，実習に多くの時間を費やす工業高校とは大きな違いがある。工業高校では，ものづくりに関わる実習に重きが置かれ，理論的知識だけでなく技能的分野の教育にも力が注がれ，より実践的な教育がなされている。このことは，工業高校の大きな特徴でもあり，製造現場で重要な役割を果たし，工業高校の存在意義にもつながっている。

2. 工業科教員の役割と使命

　工業の技術は，日進月歩であることはいうまでもないが，最近は特にIoT（Internet of Things）やAI（人工知能）の急速な進歩により，第四次産業革命といわれるように飛躍的発展を遂げている。先進国はいうに及ばず，発展途上国においても工業技術の発展は目覚ましく，国際競争は激しさを増すばかりである。そんな中，大学や企業

の研究室で行われる先端の基礎研究は極めて重要であるが，それと同時に，その応用技術やものづくりの技術も大事である。前述したとおり，工業高校では，工業技術の基本的な事柄を学びつつ，実際にものづくりにつながる技能的分野も実習を通して多くの時間を費やしている。工業の発展は，研究，技術，技能の各分野が連携してはじめて完成される。工業科教員は，理論的知識だけでなく実験実習にも長けた実践的な人材が求められ，工業高校で学ぶ生徒にそのノウハウを伝達する役割を負っている。芸術や体育で卓越した才能を発揮するには，幼年期から始めたほうがよいのと同じ理由で，ものづくり教育もできるだけ早い時期から始めたほうが成果が出やすい。若い年齢のほうが感性を磨くという意味では効果的だからである。その意味からも中学校卒業後すぐに実践的教育を行う工業高校の役割は大変重要であり，工業科教員は使命感をもち，役割を果たさなければならない。

　また，工業の発展は，国際情勢や経済の影響を強く受けてきた歴史的経緯がある。工業科教員は，工業の専門知識だけに固執することなく，グローバル化の時代に対応できる柔軟で広い視野に立って工業に影響を与える社会の動向を判断できる力を養うことも大切であり，常に幅広い教養と専門的技術，実践的技能を磨き，将来を背負う優秀な工業人を育てる努力を怠ってはならない。

3．工業教育関連法案

　教育に関連する法案は，教育基本法をはじめとする各種の法案があるが，他の教科と重複を避けるため，工業教育に関連する法案の条項だけを取り上げる。

　また，平成30年3月に新高等学校学習指導要領が告示され，2022（令和4）年度から年次進行で実施される。ここでは，新高等学校学習指導要領の総則に基づき，工業科に関わる主だった箇所について解説する（下線は筆者が加筆した）。

①学校教育法

　〇第六章　高等学校
　　第五十条　高等学校は，中学校における教育の基礎の上に，心身の発達及び進路に応じて，<u>高度な普通教育及び専門教育を施すことを目的とする。</u>
　　第五十一条　高等学校における教育は，前条に規定する目的を実現するため，次に掲げる目標を達成するよう行われるものとする。
　　一　義務教育として行われる普通教育の成果を更に発展拡充させて，豊かな人間性，創造性及び健やかな身体を養い，国家及び社会の形成者として必要な資質を養うこと。
　　二　社会において果たさなければならない使命の自覚に基づき，個性に応じて将来の進路を決定させ，<u>一般的な教養を高め，専門的な知識，技術及び技能を</u>

> 　　　習得させること。
> 三　個性の確立に努めるとともに，社会について，広く深い理解と健全な批判力
> 　を養い，社会の発展に寄与する態度を養うこと。

【解説】上記下線部から，学校教育法では，専門高校に限らず高等学校においては，普通教育と専門教育の両方を施し，一般的教養を高めると同時に専門的な技術・技能を習得させるとしている。ただし，専門教育と職業教育は全く同じではないことに留意する必要がある。

②学校教育法施行規則

> ○第六章　高等学校
> 　第八十一条　二以上の学科を置く高等学校には，専門教育を主とする学科（以下「専門学科」という。）ごとに学科主任を置き，農業に関する専門学科を置く高等学校には，農場長を置くものとする。
> 　第八十四条　高等学校の教育課程については，この章に定めるもののほか，教育課程の基準として文部科学大臣が別に公示する高等学校学習指導要領によるものとする。

【解説】第八十一条では，工業高校をはじめとする専門学科を有する高校では，学科ごとに学科主任（機械科主任，電気科主任等）を置くことが示されている。また，高等学校の教育課程は，高等学校学習指導要領で詳しく定められ，各学校はここで示される基準に従って教育課程を編成するが，この第八十四条が，高等学校学習指導要領が法的な拘束力をもつ根拠となっている。

③高等学校学習指導要領

> ○第1章　総則　第2款 教育課程の編成
> 　3（2）イ　専門学科における各教科・科目の履修
> 　（ア）専門学科においては，専門教科・科目について，全ての生徒に履修させる単位数は，25単位を下らないこと。（中略）各学科の目標を達成する上で，専門教科・科目以外の各教科・科目の履修により，専門教科・科目の履修と同様の成果が期待できる場合においては，その専門教科・科目以外の各教科・科目の単位を5単位まで上記の単位数の中に含めることができること。

【解説】工業のような専門学科においては，最低でも専門教科・科目を25単位は履修しなければならない。大学進学を意識し，英語，数学，理科等の普通教科・科目を多く履修する学校もあるが，専門教科・科目の最低ラインが設定されているため，

自由に普通教科・科目を増やすことはできない。もちろん，専門性を高めるため専門教科・科目を増やし，工業科の特色を出してもよい。

> （ウ）職業教育を主とする専門学科においては，総合的な探究の時間の履修により，農業，工業，商業，水産，家庭若しくは情報の各教科の「課題研究」，看護の「看護臨地実習」又は福祉の「介護総合演習」の履修と同様の成果が期待できる場合においては，総合的な探究の時間の履修をもって課題研究等の履修の一部又は全部に替えることができること。また，<u>課題研究等の履修により，総合的な探究の時間の履修と同様の成果が期待できる場合においては，課題研究等の履修をもって総合的な探究の時間の履修の一部又は全部に替えることができること。</u>

【解説】課題研究は，実習の一種であるが，生徒が自ら研究テーマを設定し，教員の助言を受けながら研究やものづくり等に打ち込む科目であるため，総合的な探究の時間に替えて課題研究を実施することが可能であり，工業の各学科では，総合的な探究の時間に替えて原則履修科目の課題研究を履修することが一般的である。

> ○第3章第2節 工業　第3款 各科目にわたる指導計画の作成と内容の取扱い
> 1 (2) 工業に関する各学科においては，「工業技術基礎」及び「課題研究」を原則として全ての生徒に履修させること。
> (3) 工業に関する各学科においては，原則として工業科に属する科目に配当する総授業時数の10分の5以上を実験・実習に配当すること。

【解説】(1)では，工業の各学科の共通科目として「工業技術基礎」と「課題研究」の2科目を原則履修科目として設定している。(2)では，工業科目の半数以上の時間を実験・実習科目にあてなければならないとしている。実験・実習科目の中には，工業技術基礎，課題研究，製図も含まれる。これは，工業科の大きな特徴であり，理論中心ではなく実験・実習を通して体得できるように，より実践的な授業展開が行われなければならない。

④産業教育振興法

産業教育の振興を図ることを目的に1951年に制定され，都道府県及び市町村に産業教育審議会を置くことや，公立や私立の中学校，高等学校，大学への産業教育設備費の国庫負担等について定めており，工業教育に大きな役割を果たしてきた。

4. 工業教育の歴史

(1) 明治～戦前

幕末までは，日本は鎖国をしており，手工業が中心で近代的工業とは程遠いもので

あった。黒船の来航以来，近代化を進める必要に迫られ，長崎や横浜に造船所を作る
など近代工業の導入としての動きはあったが，近代国家としての工業の歴史は明治に
なってから始まった。明治政府は，西欧諸国との技術力の差を痛感し，急速な近代化
を進めるため外国の工業技術を取り入れ，工業の発展に力を入れた。最初は繊維産業
をはじめとする軽工業が中心だったが，徐々に機械，電気，建築等の重工業に移行し
ていった。それとともに西欧諸国の教育制度を導入し，工業教育についても徐々に近
代化していった。

　1871 年に日本初の工業教育機関として，工部省に全寮制で修業年限 6 カ年の工学
寮（東京大学工学部の前身）が設けられ，多くの技術者を輩出し日本の工業の発展に
貢献した。翌年の 1872 年に学制が頒布されたが，中等工業教育は制度化されず，
1879 年に教育令が発令されてから中等職業教育の充実が図られ，学校種として小学
校・中学校・大学校・師範学校・専門学校に続いて 1880 年に第二次教育令で職工学校・
商業学校・農学校が加えられた。1881 年に東京職工学校（東京工業大学の前身），
1886 年に京都染工講習所（京都市立洛陽工業高等学校の前身），1887 年に金沢区工
業学校（石川県立工業高等学校の前身）が設立されるなど，工業教育機関が次々と設
立された。1885 年に森有礼が初代文相として就任し，翌年本格的な学校教育制度と
して学校令（帝国大学令，師範学校令，中学校令，小学校令，諸学校通則）が制定さ
れ，法的整備も進んだ。森有礼は，道半ばで 1889 年に暗殺された。その後，1893 年
に井上毅が文相に就任し，実業補習学校や徒弟学校を制度化した。さらに実業教育費
国庫補助法を制定するなど，多くの実業教育の発展につながる施策を成立させ，工業
の近代化に貢献した。

　日本は，1894 年の日清戦争を皮切りに戦争の道へと突入し，富国強兵の方針から
ますます工業の発展が重要になり，工業教育の需要も拡大し，多くの工業学校が設立
された。これらの学校が，現在の伝統ある工業高等学校の前身となっている。1899
年には実業学校令が発令され，工業学校規程が制定された。この頃の工業学校は，14
歳以上，高等小学校卒業又は同程度の学力を入学資格とし，修業年限はおおむね 3 年
であった。1903 年には専門学校令が発令され，レベルの高い実業学校は同時に公布
された実業学校令改正によって実業専門学校となった。東京職工学校も，東京工業学
校（1890 年）を経て，この頃，東京高等工業学校となった。

　1904 年の日露戦争後は，さらに経済が発展し，軽工業だけでなく重工業の比重も
大きくなり，工業教育も近代工業教育へと変遷していった。大正の時代になっても戦
争の勢いはやまず，第一次世界大戦に参戦する中，重工業を中心とする工業技術は高
度化し，工業教育においても実業補習学校規程の改正（1920 年）や工業学校規程の
改正（1921 年）など，様々な改正が実施された。また，工業教育を高度化する必要

性から高等工業学校の数も大幅に増加した。その後，昭和の時代になると，ますます戦火は拡大し，第二次世界大戦に突入していく。工業技術は，軍需産業として不可欠のものとなり，技術者や工業学校の数は急速に増加した。

(2) 戦後～現在

　1945 年に終戦を迎え，新しく憲法や教育基本法，学校教育法が制定され，複線型教育制度から単線型教育制度に学校制度が刷新されると，工業教育も大幅に見直されることになった（明治～終戦直後までの主なできごとを表 6-1 に示す）。従来の工業学校は後期中等教育として新制の高等学校となった。また，1951 年には，産業教育振興法が制定され，施設設備の充実等，工業をはじめとする産業教育の充実に多大な影響を与えた。

　工業高校の教員は，1949 年，全国の 7 つの国立大学（室蘭工業大学，東北大学，東京工業大学，金沢大学，名古屋工業大学，広島大学，九州工業大学）に工業教員養成課程を特設して主に育成されたが，1961 年に「国立工業教員養成所の設置等に関する臨時措置法」が制定され，9 つの国立大学（北海道大学，東北大学，東京工業大学，横浜国立大学，名古屋工業大学，京都大学，大阪大学，広島大学，九州大学）に工業教員養成所が置かれた。これは，急速な工業の発展により全国で多くの工業高校が設置され工業科教員が大幅に不足したため，3 年間で高等学校工業科教員免許を授与し，教員として就職すれば授業料を猶予，免除するというものであった。ただし，学士の称号は与えられなかった。工業教員養成所の設置は，臨時的なものであり，工学部出身者で教員になる者も増加したため，1967 年に学生募集は停止された。

　日本は，戦後の荒廃からいち早く立ち直り，特に工業は，世界を驚かせるほどの勢いで成長していった。特に 1950 年代半ば頃からの高度経済成長は目覚ましく，1964年には東京オリンピック開催や東海道新幹線の開業等の国家的プロジェクトもあり，繊維，鉄鋼，造船といった従来からある産業だけでなく，新しく機械，自動車，電機等の産業も加わり発展していった。それに伴い工業教育への需要も高まり，特に工業高校は大幅に新設されていった。この頃の工業高校は，中堅技術者の養成を目指しており，各県を代表するような歴史のある工業高校は，レベルもかなり高く，産業界で中心となって活躍する人材を数多く輩出した。

　しかし，高度経済成長の時代が終わると，経済的にゆとりができたこともあって高学歴志向が急速に強まり，大学進学を希望する者が増加していくのに伴い，大学進学に不利な工業高校は低迷していく。卒業単位数の減少もあり，普通科目と工業科目の両方を履修するための授業時間確保が難しく，従来と比べると実技教育を中心とした工業高校としての特色が薄らいでいった。また，工業高校への入学者数の減少により，

表6-1　明治〜終戦直後までの年表

西暦	日本国内・周辺の主なできごと	工業教育に関する主なできごと
1868	明治元年	
1871	廃藩置県，岩倉使節団欧米視察	工学寮設立（日本初の工学教育）
1872	新橋一横浜間鉄道開通，富岡製糸場設立	学制
1877	西南戦争	東京大学設立
1879	琉球藩→沖縄県（琉球処分）	第一次教育令
1880		第二次教育令
1881	自由党結成（板垣退助）	東京職工学校設立（工業教育発足）
1885	太政官制度廃止（内閣制度発足）	第三次教育令
1886		学校令（文相　森有礼），京都染工講習所
1887		八王子織物染色講習所，金沢区工業学校
1889	大日本帝国憲法公布，森有礼暗殺	日本法律学校（日本大学の前身）設立
1890	第1回衆議院議員総選挙	第二次小学校令，教育勅語
1893	君が代選定（小学校の祝日唱歌）	実業補習学校規程（文相　井上毅）
1894	日清戦争	実業教育費国庫補助法，徒弟学校
1897		京都帝国大学設立，師範教育令
1899	東京一大阪間長距離電話開通	実業学校令，工業学校規程
1903		専門学校令，実業学校令改正
1904	日露戦争	徒弟学校規程改正
1910	日韓併合	
1912	中華民国樹立，大正元年	
1914	第一次世界大戦	
1918	シベリア出兵	大学令，第二次高等学校令
1920		実業補習学校規程改正
1921	中国共産党結成，原敬暗殺	工業学校規程改正（徒弟学校廃止）
1926	昭和元年	青年訓練所令，幼稚園令
1932	犬養毅暗殺（五・一五事件）	
1935		青年学校令
1936	二・二六事件	
1937	日中戦争	
1939	第二次世界大戦	
1941		国民学校令
1943	イタリア降伏	中等学校令，実業学校規程
1945	終戦	
1946	日本国憲法公布	
1947		教育基本法，学校教育法，国立総合大学令

従来のレベルを維持することが難しくなり，カリキュラムの試行錯誤や教育方法改善の努力が続けられた。様々な取り組みの成果もあり，現在は，実習等を通した実践的職業教育やキャリア教育を受けた工業高校生に対する産業界からの評価は非常に高まっている。地域により格差はあるものの，景気にあまり左右されることもなく，安定的に多数の求人があり，良好な就職状況が継続している。また，進学率も年々高まっており，最近は，進学を意識したカリキュラムを組む工業高校も多くなってきた。さらに，新しい形の工業高校も各県で新設されてきており，理工系の大学進学を目指す科学技術高校や進学と就職の両面に配慮した工科高校，高度な技能習得や資格取得を

目指す専攻科を有する工業高校等，様々な特色をもつ工業高校が現れ，新しい時代に対応しようとしている。

　一方，大学工学部は，日本の経済を工業が中心となって支える構造を反映し，戦後から 1970 年まで急速に増加し，その後も増加を続けたが，2005 年の 151 学部から減少に転じ，2015 年時点で 125 学部となっている。工学系学部の志願者数は，大学進学率が増加したにもかかわらず，1992 年度の約 90 万人をピークにその後は減少傾向にあり，工学部離れが心配されたが，2007 年度からまた増加に転じ，2015 年度時点では約 70 万人である。入学者数は 1998 年度の約 11 万人をピークに減少を続け，2009 年度以降は，ほぼ横ばい状態で 9 万人前後である。大学院修士課程へ進む者は，技術革新により一層高度な知識や技術が必要となっていることから，国立大学を中心に増加している。

　最近の動きとして，2019 年 4 月より専門職大学・短期大学が新たに発足した。専門職大学は，より実践的な授業内容を特色とし，産業界との連携が義務付けられ，卒業単位の 3 ～ 4 割以上の実習科目を履修することとなっている。従来の大学工学部は，理論教育が中心で実践的教育内容に乏しいことから，今後，工学系の専門職大学が数多く開設されれば，工業教育に新しい流れが生まれることが期待される。

2 節　日本の経済・産業と世界情勢

1. 日本の経済と産業の歴史的経緯

　日本は敗戦によって焼け野原と化し，多くの人命や家屋を失ったが，1950 年の朝鮮戦争特需の影響もあり奇跡的な復興を遂げた。その後次第に第二次産業の比率が増大し 1950 年代半ば頃から高度経済成長期に入ると重厚長大型産業による大規模な経済性の追求が行われた。1960 年の池田内閣で実施された国民所得倍増計画では，国民総生産を 10 年間に倍増させる計画であったが，実際にそれを上回るほどの高度経済成長を果たした。

　戦後急速に復興を果たした日本や西ドイツだったが，これらの国に支援をしてきたアメリカは，その資金や 1961 年に本格的に始まったベトナム戦争での戦費が増大し，ドルの価値が大幅に下がるドル危機を迎えた。ドルの信用が下落したため，1971 年にドルと金の交換を停止し，ドルの切り下げを実施した（ニクソン・ショック）。日本は，このときから変動相場制に移行し，1 ドルが 360 円の固定相場の時代は終わった。これにより日本経済は，為替の影響を強く受けることになった。

　1973 年になると第四次中東戦争でアラブ産油国が石油の輸出を停止したことにより原油価格が高騰し，世界の経済に大きな打撃を与えた。石油の不足により生産力が

低下し，急激な物価の上昇をもたらした。いわゆる第一次石油危機である。日本は，外交努力で石油禁輸リストから除外されたが，マスコミの石油不足報道により，トイレットペーパー等の買い占め騒動が起きるなど大混乱となり，経済も大きな打撃を受け，高度経済成長も終わりを告げた。これをきっかけに省エネの気運が高まり，国民によるエネルギー節約と技術革新により，この危機を乗り切った。しかし，1978 年に第二次石油危機が起き，省エネ・省資源の需要がさらに高まった。エネルギーを大量に消費するそれまでの重厚長大型の産業は，コスト増から需要が減少し，電気機器産業や輸送産業等の組み立て産業が発展することになる。

　経済は，高度成長から安定成長に移行するが，自動車を代表とする輸出産業は好業績となった。しかし，輸出の大幅な増加によりアメリカとの貿易摩擦を生むことになった。アメリカの貿易赤字は，対日貿易赤字を筆頭に膨大となり，ドル相場が不安定になった。このため，1985 年に G5（先進 5 カ国蔵相・中央銀行総裁会議）は，アメリカ経済の悪化を恐れ，為替レート安定化に関する合意（プラザ合意）に至った。これにより急激な円高ドル安となり，日本の輸出産業は国際競争力が低下し，一時期大打撃を受けた。一部の企業は，円高の影響を避けるため，生産拠点を東アジアを中心とした海外に移し，現地で生産することにより貿易摩擦を回避した。このことが原因で，国内での製造が減り産業の空洞化問題が生じた。政府は，貿易黒字の縮小を目指し，内需主導型経済に転換を進め低金利政策をとった。それが投機を呼び，1980 年代末には急速に円高を克服し生産を拡大していくが，余剰資金が株式や土地の投機に向かい，内需主導型のバブル経済が膨張していった（1986 〜 1991 年）。

　やがてそれが，過剰設備投資（資産インフレ）を招くことになり，1991 年にバブル経済は崩壊し，「失われた 10 年」といわれる長期低迷期に入っていった。1993 年から政府は，公共事業の投資を行い景気拡大をねらったが，さほど効果はなく赤字財政を増大させた。銀行に多額の借金をしていた企業や個人は，不況により返済ができなくなり，銀行は多額の不良債権を抱え込んだ。国の財政赤字を解消するため，1997 年には消費税が 3％から 5％に引き上げられたこともあり，ますます個人消費が落ち込み倒産する企業も増加した。企業はリストラを行い，失業者の増加と新規卒業者の就職難が続き不況が長期化した。

　1999 年に政府は，景気回復策として銀行への公的資金の投入，減税，地域振興券の配布，公共事業増大等を行い，企業も設備，雇用，債務の過剰を解消する努力を行った。また，アメリカや中国の経済成長により日本の輸出が増え，2002 年になると景気が回復していった。その後，景気の回復は 2007 年まで長期間にわたり続いた。

　しかし，2007 年にアメリカでサブプライムローン（アメリカの貧しい人たち向け

の住宅ローン）を返せない人が続出し，この証券の価格が暴落したことで，銀行や証券会社の損失が広がり，2008年にはアメリカ大手証券会社のリーマン・ブラザーズも破綻し，世界中の株が下がる世界同時不況に陥った。いわゆるリーマン・ショックである。さらに日本では，2011年3月に東日本大震災が起き，経済面でも大打撃を受けた。

2012年に第二次安倍内閣ができると，景気回復のため金融緩和，財政出動，成長戦略の3本の矢を政策として掲げた（アベノミクス）。日本銀行はマイナス金利を導入し，金融機関が日本銀行に預けるお金の利子の一部を−0.1%にした結果，国債や色々な金融商品の金利が下がり，外国との為替格差により2016年頃まで円安も進んだ。円安により，輸出産業を中心に利益が拡大し，順調なアメリカ経済の後押しもあり，日本の株価は急激に上昇し景気も回復した。一方で，金利が極端に低い状況が長く続き，日本の大幅な財政赤字が改善されないなど歪みも出てきており，超低金利政策をいつ見直し財政の健全化を果たすかという課題に直面している。

これまで見てきたように，日本の工業は，政治的・経済的な世界情勢，景気の動向，金融政策，為替の動向等の影響を大きく受けながらも日本を牽引し，先人の努力により世界第3位の経済大国の地位を築いている。日本の工業にとって，技術革新（イノベーション）により技術的優位に立つことは非常に重要だが，グローバル化している社会では，世界中で起こる様々な要因に目を配り，すばやく的確に対処することが大切であり，工業教育に携わる者もグローバルな視点で大所高所から工業社会を見る知見が必要である。

2. グローバル化社会と第四次産業革命時代の日本の工業

日本の産業は，世界情勢や経済の波に翻弄されながら，その都度劇的に回復してきたが，それは，国民の勤勉性や技術革新によるところが大きい。特に製造業を中心とした工業の技術的進歩が，日本の経済を支えてきた大きな要因となっている。しかし，近年，中国をはじめとする新興国の台頭が著しく，BRICS諸国（ブラジル，ロシア，インド，中国，南アフリカ）や韓国の工業分野での発展は，日本の脅威となっている。特に中国は，2010年にGDP（国内総生産）で日本を上回り，現在では日本の3倍近くにまで伸び，近い将来，アメリカを抜いて世界第1位になることが予想されている。中国は，一帯一路政策を急速に進めており，ヨーロッパと陸続きの利を生かし大陸の西に向かって鉄道や道路の整備を行い，従来より格段に速くかつ大量の物資の貿易を可能にしようとしている。金融面でもアジア地域のインフラ整備等を目的にAIIB（アジアインフラ投資銀行）を設立した。日本，アメリカを除く数多くの国がAIIBへの参加を表明し，日本を中心としたADB（アジア開発銀行）から主役が代わろうとし

ている。技術面でも，かつては「世界の工場」といわれたように研究開発面では後れ
をとっていたが，現在は，特許取得数でも日本を上回るなど，様々な面で中国の影響
は急速に大きくなっている。

　中国だけでなく BRICS 諸国や韓国，トルコなども紆余曲折はあるにせよ大きな成
長を遂げており，特にインドは，人口の爆発的な増加もあり，IT 産業を中心に急激
に発展してきている。また，ドイツは，IoT（Internet of Things）の研究をいち早く
手掛け，インダストリー 4.0（Industrie4.0）と銘打ち世界をリードしようとしている。
アメリカもドイツのインダストリー 4.0 に相当するインダストリアル・インターネッ
トに取り組んでおり，ソフトウェア産業を中心とする IT 産業を軸に堅調な経済を保っ
ている。

　近年，AI（人工知能）が急速に進化してきており，IoT を含めて第四次産業革命の
時代ともいわれている。かつて，ものづくりの技術は，日本が世界をリードしていた
が，現在は世界の多くの国がしのぎを削っており，常に新しい技術の開発とアイディ
アがなければ取り残されてしまう時代となっている。また，前述したように，多くの
企業が製造コストを削減するためや，為替の影響や貿易摩擦を回避するために海外に
製造拠点を移しており，グローバル化が一層進んでいる。そうした中，企業の経営に
は，国内だけでなく正確ですばやい国際的な状況判断が求められ，国際競争は一段と
厳しくなっている。

　日本も EU（欧州連合）をはじめ，各国と EPA（経済連携協定）を締結したり，
TPP（環太平洋パートナーシップ協定）で太平洋を取り巻く 12 カ国（日本，アメリカ，
カナダ，メキシコ，ペルー，チリ，ニュージーランド，オーストラリア，ブルネイ，
ベトナム，シンガポール，マレーシア）で自由貿易協定を結ぶことにより，経済的活
路を開くよう努力してきた。しかし，アメリカが離脱したことで，残りの 11 カ国で
の協定となり，効果は限定的となる恐れもあり，RCEP（東アジア地域包括的経済連
携）等も視野に，様々な可能性を模索する必要がある。人口の減少で内需の拡大も期
待できない中，日本は，革新的な工業製品を資源とする貿易に活路を見いだす他なく，
これまで以上の技術革新による技術の進展が必要で，産・官・学が協力し合って技術
開発に力を入れなければならない。今後は，さらに発展途上国の工業技術の進展が顕
著になり，工業を取り巻く情勢は大きく変化することが予想されるが，工業教育もそ
れに対応できるように備える必要がある。

3 節　外国の教育制度と職業教育

　日本の教育制度は，戦前はヨーロッパの教育制度を模範とし，複線型で複雑であっ

たが，戦後はアメリカの教育制度を取り入れ単線型のシンプルな制度になっている。

　日本の職業教育は，企業での OJT（On-the-Job Training）を除くと，工業高校や商業高校などの専門高校（高校進学者の 20%弱）や専門学校，公共職業訓練校での教育が主であるが，大学への進学率が年々高まる中，下記の例が示すとおり他国に比べると職業教育を受ける若者の数はかなり少ない。以下に外国における教育制度と職業教育の例を紹介し日本と比較検討する。

1. ドイツ連邦共和国（Federal Republic of Germany）

　ドイツは，連邦共和国であることから州ごとに教育制度も異なっており，一律ではないが一般的には 6 歳に達すると公立の初等学校である基礎学校（Grundschule）で 4 年間の教育を受ける。その後は，中等教育として，大学進学を目指す者は 8 〜 9 年制のギムナジウム（Gymnasium），職業専門学校に進学を目指す者は 6 年制の実科学校（Realschule），早く就職したい者は 5 年制の基幹学校（Hauptschule）に進学する。これらの学校以外に様々な科目を総合的に学ぶ総合制学校（Gesamtschule）もあるが，あまり数は多くない。また，大学に進学するためには，アビトゥーア（Abitur）と呼ばれる入学資格試験に合格しなければならず，合格者には，ギムナジウムの成績を加算したアビツォイグニス（Zeugnis der Allgemeinen Hochschulreife）と呼ばれる資格証書が与えられ，この点数が大学選考の基準となる。

　ドイツでは，10 歳に達すると進路を決めなければならず，本人の希望や成績によりコース変更も一応可能ではあるが，基本的には早期から進路の決定がなされ，進路決定が遅い日本とは事情が大きく異なる。1960 年代頃まではギムナジウムに進学する者は少なく，基幹学校へ職人の子を中心に多くの者が進学したが，次第に基幹学校進学を希望する者は減少し，現在は，ギムナジウム（50%程度）や実科学校を希望する者が大半となった。また，ドイツには私立のシュタイナー学校（Waldorfschule）という 12 年間一貫教育で低学年はテストや点数評価をしない自由な雰囲気の学校もある。

　基幹学校や実科学校を修了した者は，通常 3 年間，**デュアルシステム**（Dual System）と呼ばれる職業教育を受ける。ギムナジウム修了者の中にもデュアルシステムで職業教育を受ける者が数多くいる。デュアルシステムは，実践的な事柄を企業等の職場で習い，理論的な事柄を職業学校で学ぶドイツの職業教育法に基づいた制度である。生徒は，自分の希望する職種の事業所で週 3，4 日実習を行い，少額だが手当も受け取る。また，企業は，デュアルシステムで生徒を受け入れる義務を負っている。

　また，ドイツにはマイスター（Meister）という資格制度があり，国家試験に合格し，この資格を得なければ職種によっては独立して開業もできず，職業訓練の指導者にも

なれない。マイスターは，職人の最高位の称号であり，ドイツの熟練の技を長い間支えてきた。マイスターは，主に手工業マイスターと工業マイスターがある。手工業マイスターは，金属工，大工，塗装工など 94 業種あり，そのうち 41 業種は開業するためにマイスターの資格が必要となる。工業マイスターは，情報技術，自動車整備，電気整備など 300 業種以上あり，企業に勤めることが多い。しかし，最近は，基幹学校に進学する者が減りマイスターを目指す若者も減少している。さらにドイツは，移民や難民を積極的に受け入れているが，外国から来た者はマイスターの資格を取得していない場合が多く，思ったような仕事に就けないなど，様々な問題を抱えるようになった。そのため，マイスターの資格がなくても開業できる職種を増やすなど，マイスター制度も様々な改革が実施されている。

2.　イギリス（United Kingdom of Great Britain and Northern Ireland）

イギリスは，イングランド，ウェールズ，スコットランド，北アイルランド地方に分かれており，地方により教育制度が異なっているが，一般的には 5 〜 11 歳（Year 1 〜 Year 6）まで公立小学校にあたるプライマリー・スクール（Primary School）で学び，その後，12 〜 16 歳（Year 7 〜 Year 11）まで中学校にあたる公立のセカンダリー・スクール（Secondary School）に行く。16 歳以降も 18 歳までは高等教育機関進学のための教育か職業教育を受けなければならない。

16 歳（Year 11）には，中等教育総合資格試験 GCSE（General Certificate of Secondary Education）を受ける。試験科目には普通科目の他，広範囲の職業科目も含まれており，進学や就職のためには GCSE の科目の種類や成績が重要となる。

大学などの高等教育機関に進学を希望する者は，中等学校に設置されているシックスフォーム（6th Form）か独立機関のシックスフォーム・カレッジ（6th Form College）で 2 年間学び，大学入学資格試験 A-levels を受け，一定の成績以上で修了資格を得て大学等に進む。就職希望者は，Year 11 修了後に職業資格を取るために主に継続教育カレッジ（Further Education College）に進み，継続教育（職業教育）を受ける。継続教育カレッジでは，資格単位枠組み QCF（Qualifications and Credit Framework）の入門レベルからレベル 3 までの資格を取得することができる。QCF は，イギリスにおける職業能力の公的認定制度で，以前の全国職業資格 NVQ（National Vocational Qualifications）や全国資格枠組み NQF（National Qualifications Framework）に置き換わり 2008 年に導入された。職業能力のレベルを 9 段階で示し，学習量（単位数）を Award（単位数 1 〜 12），Certificate（単位数 13 〜 36），Diploma（単位数 37 以上）の 3 つのサイズに分類することで，各人の職業能力を容易に把握できる仕組みである。

QCF のような資格制度は，ヨーロッパの多くの国で導入が進み，EU 加盟国では，欧州資格枠組み EQF（European Qualifications Framework）として職業能力を知識，技能，責任感と自律性の 3 つに分け，それぞれを，難易度に応じて 8 段階に分類している。そのことにより，国の枠をこえて職業能力が公平に評価されることに役立っているが，今後も EQF と各国の NVQ との互換性が高まるように調整が行われると考えられる。

3. オーストラリア連邦（Commonwealth of Australia）

オーストラリアの教育制度は，イギリスがモデルになっており，高校までは各州の管轄で州によって教育制度が異なっている。一般的には 5 歳で小学校準備学級（Prep Year）に入り，6 〜 11 歳（Year1 〜 Year6）まで小学校（Primary School）で学ぶ。12 〜 15 歳（Year7 〜 Year10）まで中学校（Junior Secondary）に通い，義務教育を終える。大学や専門学校等の高等教育を受けようとする者は，さらに 2 年間高等学校（Senior Secondary）に進み（Year11 〜 Year12），修了時に各州の統一卒業資格試験 HSC（High School Certificate：名称は州により異なる）を受け，その得点を大学基準得点（ATAR）に換算し大学や学部を選択する。大学は一般的に 3 年間で，専門科目のみ学習するため一般教養科目は高校の 2 年間で学習する。

また，イギリスと同様に資格認定制度 AQF（Australian Qualifications Framework）を導入しており，次の 3 部門でレベルに応じた資格を定めている。

• 高等教育部門（Higher Education Sector）
• 職業教育訓練部門（Vocational Education and Training Sector）
• 学校部門（Schools Sector）

職業教育訓練（VET）部門は，非常に多くの学生が専門のスキルと資格を得るため，公立の TAFE（Technical and Further Education）と呼ばれる専門学校や私立の専門学校で学習している。オーストラリアには 100 以上の TAFE があり，コンピュータ，デザイン，ビジネス等，多種多様なコースが用意されており，安い費用で受講ができる。卒業後は即戦力として働けることを目的としているため企業とも連携し，実務経験が豊かな講師陣と多くの実地研修が組まれていることが評価され，TAFE は人気のある進学先となっている。また，AQF で定められた資格（表 6-2）を履修期間に応じて習得でき，ディプロマ（Diploma）やアドバンス・ディプロマ（Advanced Diploma）を取得すれば提携大学へ編入したり，バチェラー（Bachelor）を取得すれば大学の学位を取得することも可能である。

表 6-2　オーストラリアの資格認定制度 AQF（オーストラリア留学センター資料より）

レベル	資格	履修期間	概要
1	Certificate Ⅰ	4 〜 6 ヶ月	初歩的な業務内容の理解と技術の習得
2	Certificate Ⅱ	6 〜 8 ヶ月	やや複雑な業務内容の理解と技術の習得
3	Certificate Ⅲ	約 1 年	高いレベルの自己管理能力と技術の習得
4	Certificate Ⅳ	1 〜 1.5 年	広い専門性と業務・経営管理能力の習得
5	Diploma	1.5 〜 2 年	基本的な専門技術と業務遂行能力の習得
6	Advanced Diploma	2 〜 3 年	高度な専門技術と業務遂行能力の習得
7	Bachelor	3 〜 4 年	大学学位と同等な専門知識と技術の習得

10 段階のレベルのうち，1 から 7 までを示す。

　オーストラリアでは，TAFE のような専門学校で学ぶ者が非常に多いため，高等学校以上の高等教育受講者数比率は，大学型や TAFE をはじめとする非大学型を合わせると世界で最高水準にある。

4. アメリカ合衆国（United States of America）

　アメリカは合衆国（ドイツ等の連邦共和国と基本的には同じ）であり，州や学校区（School District）によって教育制度が大きく異なる。小学校（Primary School）は，一般的には 6 歳から始まり 5 〜 6 年通う。しかし，幼稚園年長（Kindergarten）を義務にしているところも多い。中学校（Middle School または Junior High School）を終える 12 〜 13 年間が義務教育となる。高等学校は，公立 4 年制のハイスクール（High School）に進む者が多いが，職業高校（Vocational High School）や私立進学校のプレップ・スクール（Prep School）も選択できる。高校卒業時には高校卒業資格（High School Diploma）が授与される。現在は，小学校から高等学校まで「5–3–4 制」が主流だが，幼稚園年長を含め公立であれば 13 年間は無償である。

　大学は，比較的小規模で学部課程の教育に力を入れ，幅広い知識や教養を身に付けることを目的としたリベラルアーツ・カレッジ（Liberal Arts College），名門校が多く大学院の研究に主眼を置いた私立総合大学（Universities and Colleges），様々なレベルがあり，実践的で安い学費の州立大学，職業訓練を 2 年間で行うコミュニティ・カレッジ（Community College）等があるが，私立か州立で国立は存在しない。大学の入学試験はなく，高校在学中の成績の平均値 GPA（Grade Point Average）と高校時に受ける英語と数学の学力テスト SAT（Scholastic Assessment）の成績を希望する大学に提出する。アメリカでは，短大から四年制大学や他大学への編入も比較的容易で多く行われている。また，高等教育への進学率も 70％をこえており日本よりかなり高い。

　職業教育は，主に高等学校卒業後の短大や大学で行われている。数は少ないがマネ

ジメント・スクール（Management School）やテクニカル・スクール（Vocational Technical School）などの職業高校や地域職業学校（Area Vocational School）もある。しかし，日本と違い，一般の高校でも多くの生徒が一定の職業科目を履修しており，最近では職業教育は進学しない生徒向けという考えから，学術的な能力と職業的能力の両方を保証する教育に変わってきている。

　公立のコミュニティ・カレッジでは，IT，建築，製造など様々な分野の職業教育プログラムが提供され，自由にコースが選択できるようになっており，多くの学生が受講している。また，州によっては，職業教育に重点を置いたテクニカル・カレッジ（Technical College）も存在する。

　以上，海外4カ国の教育制度と職業教育について見てきたが，中学校まではほとんど全員が同じ道を進み，高等学校へも約7割が普通科に進学し，進路決定が極めて遅い日本とは大きく異なっている。全国統一ではなく，州ごとに異なる教育制度であることも複雑で分かりにくいが，教育制度自体が日本のように単調でなく複雑である。しかし，様々なコースが選択肢として用意され，それぞれの個性や興味・関心に応じた教育がなされ進路選択も多様性がある。職業教育も選択肢が多く，日本よりかなり多くの若者が職業教育を受けている。それは，学歴よりも資格が重視されており，スキルを身に付けてから社会に出ることが一般的になっているからである。大学の入学には，大学ごとの個別の入学試験ではなく，統一の卒業認定試験と高等学校の成績で入学資格が与えられている点も着目したい。職業教育で得た資格については，資格枠組み制度が確立しており，取得資格のレベルが一目で分かるようになっているため，国を移動したり違う仕事に就くときに異なる国や違う分野の資格との比較が公平で容易にできる。この仕組みは，日本にとっても，グローバル化の時代において必要性を増すと思われる。

4節　工業教育の教育にあたって

1. 実験・実習のあり方

　工業高校では，学習指導要領で示されているとおり，実験・実習科目を専門科目単位数の半数以上実施しなければならない。このことは工業高校の大きな特徴でもある。しかし，実験・実習は，検定教科書や市販の指導書がそのまま使えることは少なく，各学校の施設・設備に応じて，適切な指導書を教員が作成することが望ましい。同じ実習内容でも実習設備や工具が異なればその扱い方も異なり，指導書もそれに合わせたものでなければならない。もちろん，実習内容に変更があれば指導書も手直しをす

る必要がある。また，指導書として完成されたものではなく，プリントを使用する場合でもファイルを用意し，後からでも参照できるように工夫することが大切である。実験・実習は，器具・機材の不足から1クラスを数班に分けローテーションで実施している場合が多く，座学の内容と関連付けて教えることが困難である。しかし，座学との連携がうまくとれている場合とそうでない場合では，教育的効果に大きな違いが生ずる。施設設備の関係でやむを得ない場合もあるが，できるだけ工夫して，座学との連携を図るべきである。

実験・実習では，授業後に期限を設定した上でレポートを提出させ，その評価で実験・実習の単位を認めることが多いが，単純に指導書の内容を写し，結果をまとめるだけの作業に終わらないように適切な指導が必要である。レポートの量ではなく，実験・実習の結果として生じたデータや作品について深く考察し，理論値やモデルと比較検討することにより実験・実習結果に対する分析力を培えるようにすることが大切である。

実験・実習の施設・設備の管理や修理ならびに新しい装置の作成においては，実習教員の力を借り効率的で安全な授業が展開できるようにしなければならない。また，グループで1つの実験・実習をする場合においては，理解力に長けた生徒が1人でやってしまわないように配慮し，連携の大切さを教えることも必要である。さらに安全管理にも十分気をつけると同時に，その大切さや方法についても教えることが重要である。

2. 教材研究及び研修のあり方

教材研究は，座学，実験・実習を問わず，教員として常に行わなくてはならない。特に工業科教員は，日進月歩の工業技術に対応しなければならず，新しい技術や技能について常に研究し，陳腐化した内容とならないように研鑽を積むと同時に，生徒に分かりやすく説明するための研究も怠ってはならない。様々な研究会にも積極的に参加し，新しい知識や情報を吸収すると同時に，自分の研究成果について発表する等，日頃から自己研鑽に励むことが求められる。また，分かりやすい授業を展開するために，自作のプレゼンテーションや教示実験教材の作成等についても時間の許す限り行う必要がある。さらに工業科教員は，工業に関する様々な資格を取得することも大切である。そのため，夏休み等の長期にわたる授業のない期間を有効に活用する等，工夫が必要である。その場合に注意すべきことは，自宅での研修はなるべく避け，学校や公共の場で実施することである。自宅での研修は，外部の目から見ると休暇か研修かの区別はつかず，休暇と間違われるような行為があれば教員としての信用を失いかねない。疑いの目で見られないように実際に研修をした時間や内容をできるだけ詳細

に記入したものを報告書として学校に提出し，きちんと研修をしたことの証明ができるようにすることが重要である。

3. 情報機器の活用（ICT 活用による授業）

　情報機器の発達により，教育用の機器も大幅に刷新された。教員であれば，誰もが情報機器を使いこなさなければならない時代である。現在，最も利用されているのは，パソコンとプロジェクターを利用したプレゼンテーションだが，静止画面だけでなく，動画や音声も導入し立体的で多角的に使えば効果は大きく増す。電子黒板が教室に設置されていれば，パソコンを教室に持ち込む必要がなく，プレゼンテーション以外にもタッチペンを使った板書や板書データの保存もできるため，さらに効率的で分かりやすい授業の展開が可能となる。IoT の普及により今後は学校内の教育機器がインターネットでつながり，教育用ソフトウェアの開発や活用方法の研究が進み，様々な場面で情報機器の活用が可能となる。ICT 活用による授業例は，文部科学省のホームページでも紹介されているので参考にするとよい。工業科目の事象は，特に三次元で動的なものが多いが，実物を見せたり，触らせるには制約が大きい。それらの事象を生徒に分かりやすく説明するには，情報機器は工業科教員にとって最適な道具であり，積極的に使いこなせることが求められるとともに，他教科教員に対し指導的な役割も期待される。

4. 工業高校における進路指導

　学校の校内組織には進路指導を行う分掌がある。学校での進路指導は，一般的には進学や就職の具体的な指導を指すが，現在はもう少し幅広くキャリア教育という観点で行っている。キャリア教育とは，「自分の将来を見つめ，生きていく道を発達段階に応じて考えるようにする教育」だが，文部科学省では，「一人一人の社会的・職業的自立に向け，必要な基盤となる能力や態度を育てることを通して，キャリア発達を促す教育」と定義している。職業教育と混同されることもあるが，職業教育は，「一定又は特定の職業に従事するために必要な知識，技能，能力や態度を育てる教育」であり，職業を意識して教育を行う点でキャリア教育と重なる面もあるが，基本的に異なるものである。キャリア教育は，発達段階に応じて行われるものなので，学校教育では，小学校から実施され，中学校，高校，大学でそれぞれ適切な指導が行われなければならない。また，キャリア教育は，進路指導部だけが請け負うものではなく，学校全体であらゆる機会を捉えて行う必要がある。

　工業高校では，従来から職業講話や職場見学等の職業教育については十分実施されており，普通科高校に比べれば，キャリア教育についてもかなり浸透しているといえ

よう。

　また，工業高校の進路指導は，専門学科特有の難しさもあり，それぞれの学校で工夫や努力がなされている。例をあげると次のような問題点や注意点がある。

①大学等の上級学校へ進学する場合，普通科高校に比べ普通科目の履修単位数が少ないため，数学等の基礎学力が不足したまま進学しがちである。
②就職指導は，進学のように学校の成績が合否に直接反映されず，それぞれの企業の特徴や生徒の性格や力量を教員が熟知した上で指導することが必要であり，かなりの経験が必要となる。
③学科が複数あるため，受験選考時の推薦基準となる成績評価の調整が難しい。
④就職者や学校推薦による進学者は，早い時期に進路先が決定することが多く，進路決定から卒業までの期間が長くなるため，学習意欲の減退を防ぐ工夫が必要である。

　①については，コース制の導入などカリキュラムの工夫や，進路決定後にも十分な補習授業を行うなど，個別指導の徹底が必要である。②では，ベテラン教員に指導を受けると同時に，多くの企業に何度も足を運ぶ等，若手教員の地道な努力が要求される。③では，生徒や保護者から不満が出ないように選考基準を明確にすることが大切である。④は，課題研究や資格取得に打ち込ませる等，生徒任せにせず，卒業まで充実した学校生活となるように学校としての計画を立てる必要がある。

5. インターンシップの進め方

　インターンシップは，キャリア教育の大事な手段として行われる就業体験の1つである。就業体験には，他にもデュアルシステムやジョブシャドウ等の方法があるが，ここではインターンシップに絞って言及する。アルバイトをすれば，わざわざ無償のインターンシップを手間をかけてする必要はないのではないかという意見もあるが，アルバイトとインターンシップとは，目的も教育的効果も大きく異なる。インターンシップは，あくまで教育の一環として学校と企業が連携し，生徒の就業意識を高め，キャリアデザインの後押しをするものであり，その効果を高めるための綿密な打ち合わせと計画を伴うものである。効果的なインターンシップにするための実施手順の一例を次に示す。

①教員は，生徒が自分に合ったインターンシップ先を選択できるように，企業に趣旨を説明した上で，受け入れ可能な企業をできるだけ多く開拓し，概要を書いた

一覧表を作成する。

②生徒にインターンシップの趣旨や目的を十分説明した上で，希望するインターンシップ先を選択させる。

③生徒にインターンシップ先の詳細を調べさせ，自分の行う仕事内容を把握させる。

④教員がインターンシップ先に出向き，趣旨，日時の確認，仕事内容等の詳細な打ち合わせを行う。

⑤学校もしくは生徒は，必要に応じて傷害保険や損害保険に加入する。

⑥教員は，依頼文等の書類を作成し，インターンシップ先に送付する。

⑦インターンシップ当日は，企業任せにせず教員が協力し巡回する。

⑧インターンシップ終了後は，生徒に報告書や感想文を提出させ，礼状を送付する。

⑨ホームルームや学年集会等を利用し，報告反省会を実施する。

⑩生徒の感想文等をまとめた冊子を作成し，記録として残す。

インターンシップの効果を高めるためには，学校，事業主，生徒が趣旨や目的を十分理解し，綿密な打ち合わせと事前・事後指導を行うことが不可欠である。それを怠れば，互いのミスマッチが起こり，生徒を単なる無給労働者として扱う企業があったり，労力の割にメリットのない事業として，翌年には断られることもありうる。また，生徒としても部活動や勉強の時間を割いた割には成果が得られず，不満が残ることになりかねない。インターンシップ事業は，ドイツのデュアルシステムのような就業体験が定着し，企業も受け入れが義務付けされていれば，学校側の負担は軽減されるが，現状では学校の負担は非常に大きいといわざるを得ない。しかし，綿密に計画されたインターンシップを経験することで，自らのキャリアデザインを考えるきっかけとなる大事な事業であり，今後は制度化され環境の整備が行われることを期待したい。

5 節　工業高校及び職業教育の課題

工業高校は，時代の変化や技術の発展に対応するため，新しい学科を増設したり資格取得に力を入れ，カリキュラムを改善する等，様々な工夫をしてきた。また，教員も研究会や研修会を通して新しい技術・技能を習得する努力を重ねてきた。そのため，企業からは一定の評価を受け，実践的な人材を数多く社会に送り出し社会的責任を果たしてきた。しかし，大学への進学率が年々高まることにより専門高校を志望する生徒は減少し，工業高校生の数も現在は，高校生全体の 8 ％程度にとどまっている。地域により事情は異なるが，レベルの低下も招き，理論的な分野では理想とする教育が思うようにできない事態も生じている。工業高校の数は少しずつ減少し，統廃合や総

合高校に再編されるケースも目立っている。それは，工業高校に対する正しい理解や認識が不足していることや，工業技術が高度化し，3 年間では普通科目と工業科目の両方を教えることに無理が生じていることも要因であるが，高学歴志向の中で，大学進学のためには普通科を選択したほうが無難という考えと，偏差値による進路選択がなされていることが非常に大きく影響している。最近は，大学進学を意識したカリキュラムをもつ工業高校も多くなってきており，進学対策に成果もあげているが，進学の問題だけでなく本来の工業高校の姿を取り戻すためには教育制度改革等の抜本的な対策を考えなければならない。

現在の工業高校生を進路別に大きく分けると，次の 3 つになる。

①一般的なものづくり技術・技能を多く身に付けて就職する。
②高度な資格や専門的な技術・技能を習得して就職または専攻科や専門学校に進学する。
③さらに高度な専門的知識や技術を学習するため，大学等の上級学校へ進学する。

①と②は，従来型の工業高校の教育で対応可能で，すでに成果も出しているが，③は，高校入学時から就職希望者とは別のカリキュラムを組み，数学や物理の単位数を増やしたり，相当数の補習授業を行うなどの対応が必要である。

工業高校の広範囲な授業内容から考えると，専攻科を含め 5 年間で教育することも考えられるが，専攻科からの大学編入は，原則としては制度上難しく，改善が望まれる。

2019 年に新しく開設された専門職大学で，工学系の大学が今後数多くでき，工業高校生を多く受け入れるようになれば，工業高校における進学の問題がかなり改善され，活性化につながる可能性は十分考えられる。工業高校は，できるだけ多くの生徒を即戦力として就職させる役割を負っていることはいうまでもないが，一方で多くの選択肢を生徒に保障するため，現在の高学歴社会に対応できる道を探ることも重要な課題である。

また，別の課題として，工業科教員を志望する者が減少していることがある。これには，次のような原因が考えられる。

• 工学部のカリキュラムにゆとりがなく，教職課程を選択すると相当負担がかかる。
• 普通科高校出身の教職課程希望者は，工業高校の実情が分からないため，教員免許取得が工業科に限られる場合は，教職課程を選択しないことが多い。
• 工業高校出身者は，数学や物理の基礎学力が不足していることが多く，大学での

単位修得に苦労するため，教職課程を選択するゆとりがない。

- 2019 年度入学生から教職課程の制度が変更となり，より厳格となるため，工学部において教職課程を選択する学生のさらなる減少が考えられる。また，工学部での数学や理科の教員免許取得が困難となり，教職課程を廃止する大学もある。

　以上のことから，工学部出身の教員は数学，理科を含め高校，中学校ともに減少することが予想され，工業科教員志願者はさらに減少する恐れがあり，その対策は急務である。

　一方，職業教育に目を向けると，日本の職業教育は，海外の先進国に比べると様々な課題があることが分かる。前述のとおり，早い年齢から職業教育を開始しデュアルシステムが充実しているドイツ，資格制度が確立し職業能力が QCF により明確化されているイギリス，公立専門学校 TAFE が発達し，多くの若者が様々な職種の職業教育を受講するオーストラリア等に比べ，日本の職業教育は，専門高校や専門学校にゆだねられているが，そこで学ぶ若者は決して多くはなく，資格制度も確立していない。先進国の多くは，学校ごとの入学試験を課しておらず，知識偏重ではなく評価基準を明確化した国や州の共通卒業試験を実施し，進学のための受験勉強は特に必要としない教育制度をとっており，日本の教育制度とは大きく異なる。知識偏重の試験制度のもとで偏差値による受験教育が浸透している日本の環境下では，スキルを身に付けるための職業教育の発展は難しい。日本の職業教育の充実のためには，抜本的な教育制度改革や EU 諸国が取り組んでいる資格枠組みを日本でも早く確立し，職業資格の標準化を図ることが望まれる。

6 節　新しい時代に求められる人材と工業教育

　IoT の進展，人工知能やロボット技術の急速な発達と普及，情報通信の高速化と高度化，さらにはビッグデータの活用技術の進歩などにより，世界の産業社会は第四次産業革命の時代となった。様々なものがインターネットで結ばれ，スマートファクトリーの構築で工場は異次元の最適化や効率化が行われ，徹底した省力化が実現する。また，サプライチェーン（原料の調達から製造・販売までの流通の一連の過程）のグローバル化もさらに一段と進むに違いない。このような状況下では働く人の役割が大きく変わり，人間の仕事は単純労働だけでなく，知的労働ですらロボットに代替される可能性があることが，アメリカ労働省のデータ分析で予測されている。ロボット化が普及したとしても仕事を失わないためには，創造的でロボット化できない能力を身に付けることが必要である。これからの工業の技術・技能分野においては，次のよう

な 3 つのタイプの人材が求められよう。

- 創造的な技術開発能力を有するスペシャリスト（Specialist）
- ロボットにはもてない高度な感性と技能を有するエキスパート（Expert）
- 技術と技能の両方を幅広く身に付けた**テクノロジスト**（Technologist）

つまり，比較的単純な作業に従事するワーカー（Worker）は淘汰されていき，一般的な知識や技術を幅広くもち活躍してきたゼネラリスト（Generalist）においても，専門的知識や技術を複数もち合わせたバーサタイリスト（Versatilist）になることが求められるであろう。

工業教育もこれらのことを念頭に置いた教育に転換していくことが必要であり，特に工業高校においては，ものづくりの精度を上げると同時に，製作の過程を重視し，創造力を培い，自ら考えてものづくりが行える人材を育てることが大切である。ワーカーを育てるのではなく，将来，エキスパートやテクノロジストとして活躍できる人材を育てなければならない。もちろん工業教育に携わる教員もこれらの人材を育てるための高いレベルの力量を兼ね備えなければならず，産・学・官が連携し，新しい時代に対応しうる教育者と優秀な技術者・技能者を他国に先駆け育てる仕組みを作らなければならない。

7章　商業科指導の理念とその実現

1節　商業科教育の重要性

1. 商業科教育のあゆみと学校教育

　商業は，江戸時代までは学問と認められておらず，明治に入る以前の我が国の商業教育は，民間の塾などでいわゆる「読み，書き，そろばん」という3つの柱を立てて商人教育を行っていた。幕末頃から輸入されてきた洋学書によって一部では，「帳合之法」などの近代的な商業教育を取り入れていたが，組織的な教育ではなかった。

　明治時代になり海外との貿易取引が始まり，1872年に文部大臣森有礼によって「学制」が公布された。その第36章に商業学校の定めがあり，これが法令による最初の近代的商業教育の出発点であるといえる。

　1873年，学制に編追加が布達され，専門学校の制度を定めている。これによると，商業学校は，予科3年，本科2年となっており，予科の教科では「通商地理・数学（商用必要ノ部）・通信書信」などの商業科目が定められ，本科の教科では「記簿法・算計法・商用物品弁識・商業学・商法」などの科目が定められている。しかし，これは法令上の規定であって，これに基づく商業学校は設立されなかった。

　1874年，海外との貿易に必要な知識・技能をもった人材と銀行が必要となり，政府の学問所として「大蔵省銀行学局」が設立され銀行業務に関する教授が行われた。これは銀行員育成という特殊な目標があり，一般的商業教育機関の発足ではない（文部省，1986）。

　また，貿易を行うために必要な知識・技術を教授する商業教育の必要性を感じた森有礼や福沢諭吉は，1875年に渋沢栄一の助力によって，森の私設の商業教育機関を設立し，「東京商法講習所」（現，一橋大学の前身）として発足した。これが日本の近代的な商業教育機関としての最初のものであるといえる（文部省，1981）。

2. 高等学校学習指導要領の変遷と商業教育

　戦後，教育制度は大改革が行われた。1947年に教育基本法ならびに学校教育法が公布され，普通教育と実業教育に分かれていた中等教育は，前期が中学校，後期が高等学校となり，高等教育の大学につながるようになった。商業教育は，主流は高等学校に置かれ，1956（昭和31）年の学習指導要領改訂まで中学校でも職業・家庭科の内容として経営，簿記，計算事務，文書事務等の科目で商業教育が行われていた。

　1950 年に我が国で最初の「高等学校学習指導要領商業科編（試案）」が出された。これは戦後の商業教育の方向性を示す基盤となっている。卒業に必要な単位を 85 単位以上，普通教科 5 教科 38 単位が共通必修，商業の必履修は 30 単位以上とし，普通科高校でも商業科目を選択履修可能としている。

　1956（昭和 31）年の改訂では，1950（昭和 25）年改訂の高等学校学習指導要領の基調理念をもとにして，「生徒の個性や進路に応じ，上学年に進むにつれて分化した学習ができるようにする」「各教科・科目の単位数に一定の幅を持たせる」ことにより生徒の個性や進路に応じた弾力的な教育を可能としたことが特徴といえる。卒業に必要な単位を 85 単位以上，商業に関する単位数は 30 単位以上とし，その内に外国語 10 単位（商業科目「商業英語」の他に）を含めることができるとした。商業科目数を 14 科目から 20 科目へと広げ，（A）商業経済関係科目群，（B）簿記会計関係科目群，（C）事務関係科目群，（D）総合実践関係科目群の 4 群にまとめた（文部省，1981）。商業一般，商業簿記は 1 年次の必修，計算事務は必修が適当であるとした。

　1960（昭和 35）年の改訂では，道徳の時間の新設や基礎学力の充実及び科学技術教育の向上等が示された（職業教育を主とする学科では，産業技術の専門化，高度化に即応して深くその専門に徹底する必要があるとした。また，女子生徒増から女子生徒向けの類型が示された。卒業に必要な商業に関する単位数は 35 単位とし，40 単位以上が望ましいとした。以後，約 10 年を目安に改訂がなされている）。

　1970（昭和 45）年の改訂では，教育内容の一層の向上を踏まえ，教育内容の現代化や時代の進展に対応した教育内容の導入が図られた。専門性の強化のため類型性から従来の商業科を「商業科・経理科・事務科・情報処理科・秘書科・営業科・貿易科」の 7 学科とし，商業教育の多様化・細分化の方向性を示した。また，商業科目数を 20 科目から 36 科目へと広げ，（A）商業経済関係科目群 4 科目，（B）経理関係科目群 8 科目，（C）事務関係科目群 14 科目（情報処理関係科目新設），（D）商事関係科目群 10 科目の 4 群にまとめた。卒業に必要な商業に関する単位数は 35 単位以上（「40 単位以上が望ましい」は外す）とした（1969 年の理科教育及び産業教育審議会の答申を踏まえ，小学科として情報処理科の設置が決まり，推進機関として都道府県に情報処理教育センターを設置することとなった）。

　1978（昭和 53）年の改訂では，ゆとりある充実した学校生活の実現，学習負担の適正化，いわゆる「ゆとり教育」が示された。商業に関する学科は，7 学科から「商業科・経理科・事務科・情報処理科・営業科」の 5 学科へ再編され，商業の科目数も 36 科目から 18 科目となった。また，卒業に必要な単位は，85 単位以上から 80 単位となり，普通科目の必修単位数は 42 単位から 29 単位に減少した。文部省が教育課程の編成例を示すことをやめ，「専門科目の標準単位数も設置者が定める」と，弾力

化された。基本的な観点として，①学科構成の改善，②基礎教育の重視，③実験・実習等，実際的・体験的学習の重視，④教育課程の弾力化が示された。また，商業の教科の基礎的な科目として「商業経済Ⅰ」「簿記会計Ⅰ」「計算事務」「情報処理Ⅰ」を第1学年に広く共通的に履修させることとなった。実験・実習等，実際的・体験的な科目として「総合実践」の履修が重視された（文部省，1981）。

　1989（平成元）年の改訂では，社会の変化に自ら対応できる心豊かな人間の育成，生活科の新設，道徳教育の充実が示された。職業教育の特徴として，職業を主とする学科における学習の基礎の上に立った総合的，発展的な課題についての個人またはグループによる継続的な学習や，職業資格等に関連する専門的な知識・技術等の習得のための学習等を通じて，自発的，創造的な学習態度や問題解決能力を養うため，各教科に「課題研究」を設けることとした。また，卒業に必要な単位は80単位とし，そのうちに専門科目は30単位を下らないもの（ただし，商業は10単位を外国語で置き換えることができる）とした。商業科目数を18科目から21科目へと広げ，（A）商業経済関係科目群「流通経済分野」「国際経済分野」，（B）簿記会計関係科目群「簿記会計分野」，（C）情報処理科目群「情報処理分野」，（D）総合学習科目群の4群と分野にまとめた（1985年2月の理科教育及び産業教育審議会は，新設学科として，商業・工業を併せもった情報関連学科や国際経済科を設置する方針を示した）。

　1999（平成11）年の改訂では，基礎・基本を確実に身に付けさせ，自ら学び自ら考える力などの「生きる力」の育成が示されて教育内容の厳選が図られ，総合的な学習の時間が新設された。完全学校週5日制のもと，「ゆとり」の中で「特色ある教育」「特色ある学校づくり」を展開し，「生きる力」を育成することを基本的なねらいとした。また，卒業に必要な単位を85単位以上から74単位以上とし，普通教科に教科「情報」（3科目）を，専門教科に「情報」（11科目）及び「福祉」（7科目）を新設した。必履修科目は，従前の8教科に外国語及び情報を加え10教科とし，専門学科における専門教科・科目の必修単位数を25単位以上に改めた。商業に関する学科では，その中に外国語5単位を含めることができるとした。商業の各分野を「ビジネス経済分野」「国際経済分野」「簿記会計分野」「経営情報分野」の4分野にまとめ，商業科目数は新設や整理統合を行い21科目から17科目となった。教育課程の編成上，①「ビジネス基礎」及び「課題研究」は原則履修科目とする，②「簿記」と「情報処理」は教科「商業」の基礎的な科目として位置付ける，③原則履修の「総合的な学習の時間」については「課題研究」で代替ができる，④すべての生徒に履修させる普通教科「情報」は「情報処理」で代替が可能であるとしている。また，商業教育の対象範囲を「ものの生産から消費にかかわる一連の経済活動」とし，従来からの商業教育でなくビジ

ネス教育とした（1995 年 3 月，職業教育の活性化方策に関する調査研究会議は「スペシャリストへの道」と題する最終報告を出した。報告では，技術革新や国際化，情報化及び少子高齢化などが進展し，これまで以上に高度な専門知識・技術が必要になっていることから，従来の「職業高校」という呼称を「専門高校」と改めた）。

　2009（平成 21）年の改訂では，「生きる力」の育成，基礎・基本的な知識・技術の習得，思考力・判断力・表現力等の育成のバランス，授業時数の増加，指導内容の充実が示され，小学校に外国語活動の導入もなされた（全国商業高等学校長協会，2014）。

　教科「商業」の目標を「商業の各分野に関する基礎的・基本的な知識と技術を習得させ，ビジネスの意義や役割について理解させるとともに，ビジネスの諸活動を主体的，合理的に，かつ倫理観をもって行い，経済社会の発展を図る創造的な能力と実践的な態度を育てる」と示している。

　目標に示される「商業の各分野」では，基礎的科目として「ビジネス基礎」1 科目と 4 つの分野「マーケティング分野：3 科目」「ビジネス経済分野：3 科目」「会計分野：5 科目」「ビジネス情報分野：5 科目」があり，総合的科目として「課題研究」「総合実践」「ビジネス実務」の 3 科目がある。

　基礎科目「ビジネス基礎」の目指す能力は，生産・流通・消費という経済の仕組みの中におけるビジネスの意義や役割など，ビジネスに関する基礎的な知識と技術を習得させることとしている。

　4 つの分野の育成能力は，①マーケティング分野（顧客満足実現能力），②ビジネス経済分野（ビジネス探求能力），③会計分野（会計情報提供・活用能力），④ビジネス情報分野（情報処理・活用能力）である。

　総合的科目は，商業の各科目で学習した内容を総合的に関連付け，実践的・体験的な学習活動を通して総合的に各能力を習得させることを目指すとしている。

　卒業に必要な単位数は，従前と同様，74 単位以上とし，専門学科における専門教科・科目の必修単位数も，従前と同様，25 単位以上である。商業に関する学科では，その中に外国語に属する科目を 5 単位含めることができるとした。商業科目数は新設や整理統合を行い 17 科目から 20 科目となった。教育課程の編成上，①「ビジネス基礎」「課題研究」は原則履修科目とする，②「財務会計Ⅱ」については，「財務会計Ⅰ」を履修した後に履修させる，③「課題研究」と「総合的な学習の時間」については同様の成果が期待できる場合，相互に代替ができる，④「情報処理」の履修により，教科「情報」の科目の履修に代替することが可能であるとしている。

▶▶**演習 1**
【課題 1】江戸時代，明治時代，昭和時代，平成時代の商業教育の特徴を調べてみよう。
【課題 2】「スペシャリストへの道」について調べてみよう。また，職業高校から専門高校へ，商業教育からビジネス教育へ変わった理由を調べてみよう。
【課題 3】平成 21（2009）年改訂の高等学校学習指導要領及び高等学校学習指導要領解説（平成 22 年 5 月）において，商業科の目標に「経済社会の発展を図る創造的な能力と実践的な態度を育てる」とある。その基礎とされるビジネスの理解力と実践力とは具体的にどのような能力か，調べてまとめてみよう。

2 節　商業関連学科における教育課程の編成

　2018（平成 30）年の改訂では，中央教育審議会答申（平成 28 年）を踏まえ，グローバル化の進展と情報技術の進歩に対応するとともに，観光産業の振興，地域におけるビジネスの推進，ビジネスにおけるコミュニケーション能力とマネジメント能力の向上など社会の要請に応える視点から，科目の新設，再構成，指導項目の見直しなどがなされた。

1.「商業科」の目標

　新高等学校学習指導要領（平成 30 年 3 月告示）に商業の教科の目標が次のように示されている（下線及び①〜⑩は筆者が付加した）。

　①商業の見方・考え方を働かせ，②実践的・体験的な学習活動を行うことなどを通して，③ビジネスを通じ，地域産業をはじめ経済社会の健全で持続的な発展を担う職業人として必要な資質・能力を次のとおり育成することを目指す。
(1) ④商業の各分野について⑤体系的・系統的に理解するとともに，関連する技術を身に付けるようにする。
(2) ⑥ビジネスに関する課題を発見し，⑦職業人に求められる倫理観を踏まえ合理的かつ創造的に解決する力を養う。
(3) ⑧職業人として必要な豊かな人間性を育み，⑨よりよい社会の構築を目指して自ら学び，⑩ビジネスの創造と発展に主体的かつ協働的に取り組む態度を養う。

（文部科学省，2018a）

　この目標は，従来の将来関連する職業に従事する上で必要な資質・能力を育み，社

会や産業を支える人材を育成することを前提に，新たに産業界で必要とされている経済のグローバル化や情報の技術の進歩などの経済社会の変化に対応できる「知識及び技術」「思考力，判断力，表現力等」「学びに向かう力，人間性等」の3つの資質・能力を商業の学習各分野を通して育成することを示している（文部科学省，2018b）。

「知識及び技術」は共通教科では「知識及び技能」となっているが，職業に関する専門教科では，「技術」としている（西村，2019）。

①**商業の見方・考え方**：企業活動に関する事象を，企業の社会的責任に着目して捉え，ビジネスの適切な展開と関連付けることを意味している。

②**実践的・体験的な学習活動を行うことなどを通して**：ビジネスを通じ，地域産業をはじめ経済社会の健全で持続的な発展を担う職業人として必要な資質・能力を育成するため，見通しをもって実験・実習などを行う中で様々な成功と失敗を体験し，その振り返りを通して自己の学びや変容を自覚し，キャリア形成を見据えて学ぶ意欲を高める，産業界関係者などとの対話，生徒同士の討論といった自らの考えを広げ深める，様々な知識，技術などを活用してビジネスに関する具体的な課題の解決策を考案するなどの学習活動を行うことを意味している。

③**ビジネスを通じ，地域産業をはじめ経済社会の健全で持続的な発展を担う職業人として必要な資質・能力**：単に利益だけを優先するのではなく，企業活動が社会に及ぼす影響などに責任をもちながら，様々な経営資源を最適に組み合わせるとともに，他者とコミュニケーションを図るなどして，生産者，消費者などとをつなぎ，地域産業をはじめ経済社会が健全で持続的に発展するよう，組織の一員としての役割を果たす資質・能力を意味している。

④**商業の各分野**：高等学校における商業に関する学習内容を体系的に分類した学習分野であるマーケティング分野，マネジメント分野，会計分野，ビジネス情報分野を意味している。

⑤**体系的・系統的に理解するとともに，関連する技術を身に付けるようにする**：商業の各分野の学習活動を通して，ビジネスに関する個別の事実的な知識，一定の手順や段階を追って身に付く個別の技術のみならず，それらが相互に関連付けられるとともに，具体的なビジネスと結び付くなどした，ビジネスの様々な場面で役に立つ知識と技術，将来の職業を見通して更に専門的な学習を続けることにつながる知識と技術などを身に付けるようにすることを意味している。

⑥**ビジネスに関する課題を発見し**：商業の各分野などの学習を通して身に付けた様々な知識，技術などを活用し，ビジネスの実務における課題など地域産業をはじめとする経済社会が健全で持続的に発展する上での具体的な課題を発見するこ

とを意味している。

⑦**職業人に求められる倫理観を踏まえ合理的かつ創造的に解決する力を養う**：社会
の変化が加速し，将来の予測が困難で唯一絶対の答えがないことの多い経済社会
にあって，単に利益だけを優先するのではなく，企業活動が社会に及ぼす影響な
どを踏まえ，科学的な根拠に基づいて工夫してよりよく課題を解決する力を養う
ことを意味している。

⑧**職業人として必要な豊かな人間性を育み**：社会の信頼を得て，ビジネスを展開す
る上で必要な職業人に求められる倫理観，ビジネスを通して社会に貢献する意識
などを育むことを意味している。

⑨**よりよい社会の構築を目指して自ら学び**：ビジネスを通じ，地域産業をはじめ経
済社会の健全で持続的な発展を目指して主体的に学ぶ態度を意味している。

⑩**ビジネスの創造と発展に主体的かつ協働的に取り組む態度を養う**：文化，商慣習，
考え方の違いなどを踏まえる，組織の一員として自己の役割を認識して当事者と
しての意識をもつ,他者と信頼関係を構築する,他者とコミュニケーションを図っ
て積極的に関わり，リーダーシップを発揮するなどして，企業を社会的存在とし
て捉えて法規などに基づいてビジネスの創造と発展に責任をもって取り組む態度
を養うことを意味している（西村，2018）。

▶ ▶ **演習 2**
中央教育審議会答申（平成 28 年）の商業教育に関わる内容を調べてみよう。

---

2. 教科「商業」の分野構成

2009（平成 21）年改訂の学習指導要領に係る「高等学校学習指導要領解説；商業編」
においては，20 科目で構成し，教科組織上の分野を，分野共通の科目として「基礎
的科目」にビジネス基礎（原則履修科目），「総合的科目」に課題研究（原則履修科目），
総合実践，ビジネス実務とし，他の 16 科目を「マーケティング分野」「ビジネス経済
分野」「会計分野」「ビジネス情報分野」としていた。

2018（平成 30）年改訂の学習指導要領に係る「高等学校学習指導要領解説」にお
いては，ビジネスで必要とされる資質・能力を見据え，ビジネス経済分野をマネジメ
ント分野に改めた。商業科目は，従前と同様に 20 科目で構成し（表 7-1），教科組織
上の分野を，分野共通の科目として「基礎的科目」にビジネス基礎（原則履修科目），
ビジネス・コミュニケーション，「総合的科目」に課題研究（原則履修科目），総合実
践とし，他の 16 科目を「マーケティング分野」「マネジメント分野」「会計分野」「ビ

表7-1　商業科目の新旧科目対照表（文部科学省，2018b より）

改訂後		改定前
①ビジネス基礎	←	ビジネス基礎
②課題研究	←	課題研究
③総合実践	←	総合実践
④ビジネス・コミュニケーション	←	ビジネス実務
⑤マーケティング	←	マーケティング
		広告と販売促進
⑥商品開発と流通	←	商品開発
⑦観光ビジネス（新設）		
⑧ビジネス・マネジメント	←	ビジネス経済応用
⑨グローバル経済	←	ビジネス経済応用
		ビジネス経済
⑩ビジネス法規	←	経済活動と法
⑪簿記	←	簿記
⑫財務会計Ⅰ	←	財務会計Ⅰ
⑬財務会計Ⅱ	←	財務会計Ⅱ
⑭原価計算	←	原価計算
⑮管理会計	←	管理会計
⑯情報処理	←	情報処理
⑰ソフトウェア活用	←	ビジネス情報
⑱プログラミング	←	プログラミング
		ビジネス情報管理
⑲ネットワーク活用	←	電子商取引
⑳ネットワーク管理	←	ビジネス情報管理

表7-2　商業の各分野（文部科学省，2018b より）

総合的科目			
②課題研究（原則履修科目）　③総合実践			
マーケティング分野	**マネジメント分野**	**会計分野**	**ビジネス情報分野**
⑤マーケティング	⑧ビジネス・マネジメント	⑪簿記	⑯情報処理
⑥商品開発と流通	⑨グローバル経済	⑫財務会計Ⅰ	⑰ソフトウェア活用
⑦観光ビジネス	⑩ビジネス法規	⑬財務会計Ⅱ	⑱プログラミング
		⑭原価計算	⑲ネットワーク活用
		⑮管理会計	⑳ネットワーク管理
基礎的科目			
①ビジネス基礎（原則履修科目）　④ビジネス・コミュニケーション			

2018 年改訂，2022 年度から年次進行で実施。

ジネス情報分野」の4つの分野に分類し（表7-2），各分野で育成する力を次のとおりとした。

- 「マーケティング分野」では，効果的にマーケティングを展開する力及び顧客を理解し，マーケティングの考え方を踏まえてビジネスを展開する力を育成する。

- 「マネジメント分野」では，経済社会の動向や法規などを踏まえて経営資源を最適に組み合わせてビジネスを展開する力を育成する。
- 「会計分野」では，企業会計に関する法規と基準に基づき適正な会計処理を行い，利害関係者（ステークホルダー）に会計情報を提供する力及び会計情報をビジネスに効果的に活用する力を育成する。
- 「ビジネス情報分野」では，適切な情報を提供する力及び情報や情報技術をビジネスに効果的に活用する力を育成する。

　今回の改訂では，生徒の学びの質を高めるために「何を学ぶか」（学習内容）だけでなく，「何ができるようになるか」（育成を目指す資質・能力）や，そのために「どのように学ぶか」（学習過程）まで見通した教育課程の編成を設定する必要がある。産業界で必要とされる資質・能力を見据えて，職業教科の教科及び科目目標の資質・能力の「三つの柱」である「知識及び技能」「思考力，判断力，表現力等」「学びに向かう力，人間性等」を育成するためには，「主体的な学び」（生徒が学びに興味・関心をもち，次の学びにつなげること），「対話的な学び」（他者の考えと交流しながら自身の考えを深める学び），「深い学び」（教科商業科の特質に応じた「見方・考え方」を働かせる学び）の 3 つの視点を，単元等のまとまりの中で実現していくことが求められている（西村，2018；産業教育振興室，2018）。

3．配慮事項

(1) 指導計画の作成に当たっての配慮事項

　①単元など内容や時間のまとまりを見通して，その中で育む資質・能力の育成に向けて，生徒の主体的・対話的で深い学びの実現を図るようにすること。その際，商業の見方・考え方を働かせ，ビジネスの振興策などを考案するなどの実践的・体験的な学習活動の充実を図ること。②商業に関する各学科においては，「ビジネス基礎」及び「課題研究」を原則履修させること。③各科目の履修に関する配慮事項について，「財務会計Ⅱ」については，「財務会計Ⅰ」を履修した後に履修させることを原則とすること。④地域や産業界等との連携・交流を通じた実践的な学習活動や就業体験活動を積極的に取り入れること。また，社会人講師を積極的に活用することなどの工夫に努めること。⑤障害のある生徒などについて，学習活動を行う場合に生じる困難さに応じた指導内容や指導方法の工夫を計画的，組織的に行うこと。

(2) 内容の取扱いに当たっての配慮事項

　①ビジネスに関する課題について，協働して分析，考察，討論を行い，解決策を考案し地域や産業界等に提案するなど言語活動の充実を図ること。②コンピュータや情

報通信ネットワークなどの活用を図り，学習の効果を高めるよう工夫すること。

(3) 実験・実習の実施に当たっての配慮事項

実験・実習を行うに当たっては，施設・設備の安全管理に配慮し，学習環境を整えるとともに，事故防止の指導を徹底し，安全と衛生に十分留意するものとする（文部科学省，2018a）。

4. 総則に関する事項（一部抜粋）

(1) 道徳教育との関連（総則第1款2(2)の2段目）

商業科においては，例えば，教科の目標に，職業人に求められる倫理観を踏まえて課題を解決する力を養うこと，職業人として必要な豊かな人間性を育むこと，よりよい社会の構築を目指して自ら学ぶ態度を養うことが考えられる。

(2) 専門教科・科目の標準単位数（総則第2款3(1)ウ）

商業科に属する科目について，設置者は，地域の実態や設置する学科の特色等に応じて，学習指導要領解説第2章（本編第3章）を参考にして標準単位数を定めることになる。

(3) 学校設定科目（総則第2款3(1)エ）

商業科においては，通常履修される教育内容などを想定して，20科目が示されている。しかし，ビジネスの発展や地域の実態等に対応し，新しい分野の教育を積極的に展開する必要がある場合など，学校設定科目を設けることにより，特色ある教育課程を編成することができる（文部科学省，2018b）。

▶▶演習3
平成30（2018）年改訂の「高等学校学習指導要領　商業」に関して，次のことを調べ，まとめてみよう。
【課題1】商業の目標(2)には，「ビジネスに関する課題を発見し，職業人に求められる倫理観を踏まえ合理的かつ創造的に解決する力を養う」と示されている。このような力を養うには，どのような学習活動が考えられるか調べてみよう。
【課題2】商業の教科組織上の4分野について育成する能力を調べ，まとめてみよう。

3節　各科目の育成を目指す資質・能力と指導項目

新高等学校学習指導要領（平成30年3月告示）に，商業科の各科目の学習内容とそのねらいは，次のように示されている（文部科学省，2018b）。

1. 基礎的科目

(1) ビジネス基礎

　ビジネスを通じ，地域産業をはじめ経済社会の健全で持続的な発展を担う職業人として必要な基礎的な資質・能力を育成する。商業に関する学科における原則履修科目として位置付けている。

- 目標：商業の見方・考え方を働かせ，実践的・体験的な学習活動を行うことなどを通して，ビジネスを通じ，地域産業をはじめ経済社会の健全で持続的な発展を担う職業人として必要な基礎的な資質・能力を次のとおり育成することを目指す。
- 育成を目指す資質・能力：4節1. を参照。
- 指導項目（2～4単位程度履修）：4節1. を参照。

(2) ビジネス・コミュニケーション（新設科目）

　グローバル化する経済社会において，組織の一員として協働し，ビジネスを展開する力が一層求められるようになっている状況を踏まえ，ビジネスにおいて円滑にコミュニケーションを図るために必要な資質・能力を育成する。

- 目標：商業の見方・考え方を働かせ，実践的・体験的な学習活動を行うことなどを通して，ビジネスにおけるコミュニケーションに必要な資質・能力を次のとおり育成することを目指す。
- 育成を目指す資質・能力：①ビジネスにおけるコミュニケーションについて実務に即して体系的・系統的に理解するとともに，関連する技術を身に付けるようにする。②ビジネスにおけるコミュニケーションに関する課題を発見し，ビジネスに携わる者として科学的な根拠に基づいて創造的に解決する力を養う。③ビジネスを円滑に展開する力の向上を目指して自ら学び，ビジネスにおいてコミュニケーションを図ることに主体的かつ協働的に取り組む態度を養う。
- 指導項目（2～4単位程度履修）：①ビジネスとコミュニケーション　②ビジネスマナー　③ビジネスにおける思考の方法とコミュニケーション　④ビジネスと外国語

2. マーケティング分野

(1) マーケティング

　経済のグローバル化や顧客のニーズの多様化など市場環境が変化する中で，顧客満

足の実現，顧客の創造，顧客価値の創造などマーケティングの考え方の広がりに対応して，効果的にマーケティングを展開するために必要な資質・能力を育成する。

- 目標：商業の見方・考え方を働かせ，実践的・体験的な学習活動を行うことなどを通して，マーケティングに必要な資質・能力を次のとおり育成することを目指す。
- 育成を目指す資質・能力：①マーケティングについて実務に即して体系的・系統的に理解するとともに，関連する技術を身に付けるようにする。②マーケティングに関する課題を発見し，ビジネスに携わる者として科学的な根拠に基づいて創造的に解決する力を養う。③ビジネスを適切に展開する力の向上を目指して自ら学び，マーケティングに主体的かつ協働的に取り組む態度を養う。
- 指導項目（2〜4単位程度履修）：①現代市場とマーケティング　②市場調査　③製品政策　④価格政策　⑤チャネル政策　⑥プロモーション政策

(2) 商品開発と流通

　商品の開発と流通に関する知識，技術などを一体的に身に付け，流通を見据えて商品開発を行うとともに，商品の企画や事業計画を理解した上で流通を展開するために必要な資質・能力を育成する。

- 目標：商業の見方・考え方を働かせ，実践的・体験的な学習活動を行うことなどを通して，商品開発と流通に必要な資質・能力を次のとおり育成することを目指す。
- 育成を目指す資質・能力：①商品開発と流通について実務に即して体系的・系統的に理解するとともに，関連する技術を身に付けるようにする。②商品開発と流通に関する課題を発見し，ビジネスに携わる者として科学的な根拠に基づいて創造的に解決する力を養う。③ビジネスを適切に展開する力の向上を目指して自ら学び，商品開発と流通に主体的かつ協働的に取り組む態度を養う。
- 指導項目（2〜4単位程度履修）：①現代市場と商品開発・流通　②商品の企画　③事業計画　④流通とプロモーション

(3) 観光ビジネス（新設科目）

　地域の活性化を担うよう，観光ビジネスについて実践的・体験的に理解し，国内に在住する観光客及び海外からの観光客を対象とした観光ビジネスを展開するために必要な資質・能力を育成する。

- 目標：商業の見方・考え方を働かせ，実践的・体験的な学習活動を行うことなどを通して，観光ビジネスの展開に必要な資質・能力を次のとおり育成することを目指す。
- 育成を目指す資質・能力：①観光ビジネスについて実務に即して体系的・系統的に理解するとともに，関連する技術を身に付けるようにする。②観光ビジネスに関する課題を発見し，ビジネスに携わる者として科学的な根拠に基づいて創造的に解決する力を養う。③ビジネスを適切に展開する力の向上を目指して自ら学び，観光ビジネスに主体的かつ協働的に取り組む態度を養う。
- 指導項目（2〜4単位程度履修）：①観光とビジネス　②観光資源と観光政策　③観光ビジネスとマーケティング　④観光ビジネスの展開と効果

3. マネジメント分野

(1) ビジネス・マネジメント

　ビジネスを取り巻く環境が変化する中で，企業活動が社会に及ぼす影響に責任をもち，経営資源を最適に組み合わせて適切にマネジメントを行うために必要な資質・能力を育成する。

- 目標：商業の見方・考え方を働かせ，実践的・体験的な学習活動を行うことなどを通して，ビジネスにおけるマネジメントに必要な資質・能力を次のとおり育成することを目指す。
- 育成を目指す資質・能力：①ビジネスにおけるマネジメントについて実務に即して体系的・系統的に理解するようにする。②ビジネスにおけるマネジメントに関する課題を発見し，ビジネスに携わる者として科学的な根拠に基づいて創造的に解決する力を養う。③ビジネスを適切に展開する力の向上を目指して自ら学び，ビジネスにおけるマネジメントに主体的かつ協働的に取り組む態度を養う。
- 指導項目（2〜4単位程度履修）：①ビジネスとマネジメント　②組織のマネジメント　③経営資源のマネジメント　④企業の秩序と責任　⑤ビジネスの創造と展開

(2) グローバル経済

　経済のグローバル化が進展する中で，企業活動が社会に及ぼす影響に責任をもち，地球規模で経済を俯瞰し，経済のグローバル化に適切に対応して直接的・間接的に他国と関わりをもってビジネスを展開するために必要な資質・能力を育成する。

- 目標：商業の見方・考え方を働かせ，実践的・体験的な学習活動を行うことなどを通して，グローバル化する経済社会におけるビジネスの展開に必要な資質・能力を次のとおり育成することを目指す。
- 育成を目指す資質・能力：①経済のグローバル化について実務に即して体系的・系統的に理解するようにする。②経済のグローバル化への対応に関する課題を発見し，ビジネスに携わる者として科学的な根拠に基づいて創造的に解決する力を養う。③ビジネスを適切に展開する力の向上を目指して自ら学び，グローバル化する経済社会におけるビジネスに主体的かつ協働的に取り組む態度を養う。
- 指導項目（2〜4単位程度履修）：①経済のグローバル化と日本　②市場と経済　③グローバル化の動向・課題　④企業活動のグローバル化

(3) ビジネス法規

　経済のグローバル化，規制緩和，情報化など経済環境が変化する中で，法規に基づいてビジネスを適切に展開するために必要な資質・能力を育成する。

- 目標：商業の見方・考え方を働かせ，実践的・体験的な学習活動を行うことなどを通して，法規に基づくビジネスの展開に必要な資質・能力を次のとおり育成することを目指す。
- 育成を目指す資質・能力：①ビジネスに関する法規について実務に即して体系的・系統的に理解するようにする。②法的側面からビジネスに関する課題を発見し，ビジネスに携わる者として法的な根拠に基づいて創造的に解決する力を養う。③ビジネスを適切に展開する力の向上を目指して自ら学び，法規に基づくビジネスに主体的かつ協働的に取り組む態度を養う。
- 指導項目（2〜4単位程度履修）：①法の概要　②企業活動と法規　③知的財産と法規　④税と法規　⑤企業責任と法規

4．会計分野

(1) 簿記

　企業において日常発生する取引について適正に記録するとともに，適正な財務諸表を作成するために必要な資質・能力を育成する。

- 目標：商業の見方・考え方を働かせ，実践的・体験的な学習活動を行うことなどを通して，取引の記録と財務諸表の作成に必要な資質・能力を次のとおり育成することを目指す。

- 育成を目指す資質・能力：4 節 2. を参照。
- 指導項目（2 〜 4 単位程度履修）4 節 2. を参照。

(2) 財務会計 I

適切な会計情報を提供するとともに，効果的に活用するために必要な資質・能力を育成する。

- 目標：商業の見方・考え方を働かせ，実践的・体験的な学習活動を行うことなどを通して，会計情報の提供と活用に必要な資質・能力を次のとおり育成することを目指す。
- 育成を目指す資質・能力：①財務会計について実務に即して体系的・系統的に理解するとともに，関連する技術を身に付けるようにする。②企業会計に関する法規と基準及び会計処理の方法の妥当性と課題を見いだし，ビジネスに携わる者として科学的な根拠に基づいて創造的に課題に対応するとともに，会計的側面から企業を分析する力を養う。③会計責任を果たす力の向上を目指して自ら学び，適切な会計情報の提供と効果的な活用に主体的かつ協働的に取り組む態度を養う。
- 指導項目（2 〜 4 単位程度履修）：①財務会計の概要　②会計処理　③財務諸表の作成　④財務諸表分析の基礎

(3) 財務会計 II

「財務会計 I」の学習を基礎として，適切な会計情報を提供するとともに，効果的に活用するために必要な資質・能力を育成する。

- 目標：商業の見方・考え方を働かせ，実践的・体験的な学習活動を行うことなどを通して，会計情報の提供と活用に必要な資質・能力を次のとおり育成することを目指す。
- 育成を目指す資質・能力：①財務会計について実務に即して体系的・系統的に理解するとともに，関連する技術を身に付けるようにする。②企業会計に関する法規と基準及び会計処理の方法の妥当性と課題を見いだし，ビジネスに携わる者として科学的な根拠に基づいて創造的に課題に対応するとともに，会計的側面から企業及び企業の経営判断を分析する力を養う。③会計責任を果たす力の向上を目指して自ら学び，国際的な会計基準を踏まえた適切な会計情報の提供と効果的な活用に主体的かつ協働的に取り組む態度を養う。
- 指導項目（2 〜 4 単位程度履修）：①財務会計の基本概念と会計基準　②会計処

理　③キャッシュ・フローに関する財務諸表　④企業集団の会計　⑤財務諸表分析　⑥監査と職業会計人

(4) 原価計算

適切な原価情報を提供するとともに，効果的に活用するために必要な資質・能力を育成する。

- 目標：商業の見方・考え方を働かせ，実践的・体験的な学習活動を行うことなどを通して，原価情報の提供と活用に必要な資質・能力を次のとおり育成することを目指す。
- 育成を目指す資質・能力：①原価計算，原価計算に関する会計処理及び原価情報の活用について実務に即して体系的・系統的に理解するとともに，関連する技術を身に付けるようにする。②原価計算，原価計算に関する会計処理及び原価情報を活用する方法の妥当性と課題を見いだし，ビジネスに携わる者として科学的な根拠に基づいて創造的に課題に対応する力を養う。③企業会計に関する法規と基準を適切に適用する力及び適切な原価管理を行う力の向上を目指して自ら学び，適切な原価情報の提供と効果的な活用に主体的かつ協働的に取り組む態度を養う。
- 指導項目（2〜4単位程度履修）：①原価と原価計算　②原価の費目別計算　③原価の部門別計算と製品別計算　④内部会計　⑤標準原価計算　⑥直接原価計算

(5) 管理会計

経営管理に有用な適切な会計情報を提供するとともに，効果的に活用するために必要な資質・能力を育成する。

- 目標：商業の見方・考え方を働かせ，実践的・体験的な学習活動を行うことなどを通して，経営管理に有用な会計情報の提供と活用に必要な資質・能力を次のとおり育成することを目指す。
- 育成を目指す資質・能力：①管理会計について実務に即して体系的・系統的に理解するとともに，関連する技術を身に付けるようにする。②会計情報を活用した経営管理の方法の妥当性と課題を見いだし，ビジネスに携わる者として科学的な根拠に基づいて創造的に課題に対応する力を養う。③適切な経営管理を行う力の向上を目指して自ら学び，経営管理に有用な会計情報の提供と効果的な活用に主体的かつ協働的に取り組む態度を養う。
- 指導項目（2〜4単位程度履修）：①管理会計と経営管理　②短期利益計画　③

業績測定　④予算編成と予算統制　⑤コスト・マネジメント　⑥経営意思決定

5．ビジネス情報分野

(1) 情報処理

　ビジネスに関する情報を収集・処理・分析して表現し，活用する一連の活動を，情報セキュリティの確保，知的財産の保護などに留意して行うなど，企業において情報を適切に扱うために必要な資質・能力を育成する。

- 目標：商業の見方・考え方を働かせ，実践的・体験的な学習活動を行うことなどを通して，企業において情報を適切に扱うために必要な資質・能力を次のとおり育成することを目指す。
- 育成を目指す資質・能力：4節3．を参照。
- 指導項目（2〜4単位程度履修）：4節3．を参照。

(2) ソフトウェア活用

　企業活動においてソフトウェアを活用するために必要な資質・能力を育成する。

- 目標：商業の見方・考え方を働かせ，実践的・体験的な学習活動を行うことなどを通して，企業活動におけるソフトウェアの活用に必要な資質・能力を次のとおり育成することを目指す。
- 育成を目指す資質・能力：①企業活動におけるソフトウェアの活用について実務に即して体系的・系統的に理解するとともに，関連する技術を身に付けるようにする。②企業活動におけるソフトウェアの活用に関する課題を発見し，ビジネスに携わる者として科学的な根拠に基づいて創造的に解決する力を養う。③企業活動を改善する力の向上を目指して自ら学び，企業活動におけるソフトウェアの活用に主体的かつ協働的に取り組む態度を養う。
- 指導項目（2〜4単位程度履修）：①企業活動とソフトウェアの活用　②表計算ソフトウェアの活用　③データベースソフトウェアの活用　④業務処理用ソフトウェアの活用　⑤情報システムの開発

(3) プログラミング

　プログラムと情報システムを開発する環境の多様化と携帯型情報通信機器の普及に対応するとともに，プログラムと情報システムの開発を一連の流れとして捉え，企業活動に有用なプログラムと情報システムを開発するために必要な資質・能力を育成す

る。

- 目標：商業の見方・考え方を働かせ，実践的・体験的な学習活動を行うことなどを通して，企業活動に有用なプログラムと情報システムの開発に必要な資質・能力を次のとおり育成することを目指す。
- 育成を目指す資質・能力：①プログラムと情報システムの開発について実務に即して体系的・系統的に理解するとともに，関連する技術を身に付けるようにする。②企業活動に有用なプログラムと情報システムの開発に関する課題を発見し，ビジネスに携わる者として科学的な根拠に基づいて創造的に解決する力を養う。③企業活動を改善する力の向上を目指して自ら学び，企業活動に有用なプログラムと情報システムの開発に主体的かつ協働的に取り組む態度を養う。
- 指導項目(2～4単位程度履修)：①情報システムとプログラミング　②ハードウェアとソフトウェア　③アルゴリズム　④プログラムと情報システムの開発

(4) ネットワーク活用

情報技術の進歩に伴うビジネスの多様化とビジネスにおいてインターネットを活用することに伴う様々な課題に適切に対応し，インターネットを効果的に活用するとともに，インターネットを活用したビジネスの創造と活性化に取り組むために必要な資質・能力を育成する。

- 目標：商業の見方・考え方を働かせ，実践的・体験的な学習活動を行うことなどを通して，ビジネスにおけるインターネットの活用に必要な資質・能力を次のとおり育成することを目指す。
- 育成を目指す資質・能力：①ビジネスにおけるインターネットの活用について実務に即して体系的・系統的に理解するとともに，関連する技術を身に付けるようにする。②ビジネスにおいてインターネットを活用することに関する課題を発見し，ビジネスに携わる者として科学的な根拠に基づいて創造的に解決する力を養う。③企業活動を改善する力の向上を目指して自ら学び，ビジネスにおけるインターネットの活用に主体的かつ協働的に取り組む態度を養う。
- 指導項目 (2～4単位程度履修)：①情報技術の進歩とビジネス　②インターネットと情報セキュリティ　③情報コンテンツの制作　④インターネットの活用

(5) ネットワーク管理

情報通信ネットワークの活用の拡大と情報セキュリティ管理の必要性の高まりに対

応し，情報資産を共有し保護する環境を提供するために必要な資質・能力を育成する。

- 目標：商業の見方・考え方を働かせ，実践的・体験的な学習活動を行うことなどを通して，情報資産を共有し保護する環境の提供に必要な資質・能力を次のとおり育成することを目指す。
- 育成を目指す資質・能力：①情報資産を共有し保護する環境の提供について実務に即して体系的・系統的に理解するとともに，関連する技術を身に付けるようにする。②情報資産を共有し保護する環境の提供に関する課題を発見し，ビジネスに携わる者として科学的な根拠に基づいて創造的に解決する力を養う。③企業活動を改善する力の向上を目指して自ら学び，情報資産を共有し保護する環境の提供に主体的かつ協働的に取り組む態度を養う。
- 指導項目（2～4単位程度履修）：①企業活動と情報通信ネットワーク　②情報セキュリティ管理　③情報通信ネットワークの設計・構築と運用管理

6．総合的科目

(1) 課題研究

　生徒の多様な実態に応じて個々の生徒の特性や進路希望などに即した教育活動を一層適切に進めるとともに，商業の各分野の学習で身に付けた知識，技術などを基に，ビジネスに関する課題を発見し，解決策を探求して創造的に解決するなど，ビジネスを通じ，地域産業をはじめ経済社会の健全で持続的な発展を担う職業人として必要な資質・能力を一層高める。商業に関する学科における原則履修科目として位置付けている。

- 目標：商業の見方・考え方を働かせ，実践的・体験的な学習活動を行うことなどを通して，ビジネスを通じ，地域産業をはじめ経済社会の健全で持続的な発展を担う職業人として必要な資質・能力を次のとおり育成することを目指す。
- 育成を目指す資質・能力：①商業の各分野について実務に即して体系的・系統的に理解するとともに，相互に関連付けられた技術を身に付けるようにする。②ビジネスに関する課題を発見し，ビジネスに携わる者として解決策を探究し，科学的な根拠に基づいて創造的に解決する力を養う。③課題を解決する力の向上を目指して自ら学び，ビジネスの創造と発展に主体的かつ協働的に取り組む態度を養う。
- 指導項目（2～4単位程度履修）：①調査，研究，実験　②作品制作　③産業現場等における実習　④職業資格の取得

(2) 総合実践

　実務に即した実践的・体験的な学習活動を通して，商業の各分野の学習で身に付けた知識，技術などを基に，ビジネスの実務における課題を発見し，創造的に解決するなど，ビジネスを通じ，地域産業をはじめ経済社会の健全で持続的な発展を担う職業人として必要な資質・能力を一層高める。

- 目標：商業の見方・考え方を働かせ，実践的・体験的な学習活動を行うことなどを通して，ビジネスを通じ，地域産業をはじめ経済社会の健全で持続的な発展を担う職業人として必要な資質・能力を次のとおり育成することを目指す。
- 育成を目指す資質・能力：①商業の各分野について実務に即して総合的に理解するとともに，関連する技術を身に付けるようにする。②ビジネスの実務における課題を発見し，ビジネスに携わる者として科学的な根拠に基づいて創造的に解決する力を養う。③ビジネスの実務に対応する力の向上を目指して自ら学び，ビジネスの創造と発展に主体的かつ協働的に取り組む態度を養う。
- 指導項目（2 〜 4 単位程度履修）：①マーケティングに関する実践　②マネジメントに関する実践　③会計に関する実践　④ビジネス情報に関する実践　⑤分野横断的・総合的な実践

▶▶演習 4
2018（平成 30）年改訂の「高等学校学習指導要領　商業」に関して，次のことを調べ，まとめてみよう。
【課題 1】 新たな科目として「観光ビジネス」が設けられたのは，どのような資質・能力を育成するためか，調べてまとめてみよう。
【課題 2】 商業などの専門学科においては，専門教科・科目についてすべての生徒に履修させる単位数は何単位を下らないこととしているか調べてみよう。

---

4 節　基礎的な科目の指導内容・指導方法：アクティブ・ラーニングを位置付けた授業プラン

　商業の科目のうち，「ビジネス基礎」「簿記」「情報処理」について指導内容と指導方法（アクティブ・ラーニングを含める）を紹介する。また，167 〜 169 ページに学習指導案の例（図 7-1，図 7-2，図 7-3）を掲載するので，あわせて参照されたい。

1. ビジネス基礎

● 育成を目指す資質・能力

- ビジネスについての実務に即した体系的・系統的な理解及び関連する技術。
- ビジネスに関する課題を発見し，ビジネスに携わる者として科学的な根拠に基づいて創造的に解決する力。
- ビジネスを適切に展開する力の向上を目指して自ら学び，ビジネスの創造と発展に主体的かつ協働的に取り組む態度。

● 学び方

- 各種メディアの情報を活用するなどして，経済社会の動向を捉える学習活動を行う。

● 指導項目と指導目標

(1) 商業の学習とビジネス

ア　商業を学ぶ重要性と学び方　イ　ビジネスの役割　ウ　ビジネスの動向・課題

> 　商業の学習（商業を学ぶ重要性と学び方）とビジネスに関する知識（ビジネスの役割，動向・課題）などを基盤として，商業を学ぶこと及びビジネスの意義と課題について自らの考えをもつ。それとともに，ビジネスの展開についての意識と意欲を高め，組織の一員としての役割を果たすことができるようにする。

(2) ビジネスに対する心構え

ア　信頼関係の構築　イ　コミュニケーションの基礎　ウ　情報の入手と活用

> 　ビジネスに対する心構えに関する知識・技術などを基盤として，信頼関係の構築がビジネスに及ぼす影響などを科学的な根拠に基づいて考え，ビジネスの展開について，組織の一員としての役割を果たすことができるようにする。

(3) 経済と流通

ア　経済の基本概念　イ　流通の役割　ウ　流通を支える活動

> 　経済と流通に関する知識などを基盤として，経済と流通の動向など科学的な根拠に基づいて，経済と流通を支える活動の展開について，組織の一員としての役割を果たすことができるようにする。

(4) 取引とビジネス計算

ア　売買取引と代金決済　イ　ビジネス計算の方法

> 　取引とビジネス計算に関する知識，技術などを基盤として，実務における取引とビジネス計算の方法など科学的な根拠に基づいて，契約の締結と履行について，組織の一員としての役割を果たすことができるようにする。

(5) 企業活動

ア　企業の形態と組織　イ　マーケティングの重要性と流れ　ウ　資金調達

エ　財務諸表の役割　オ　企業活動に対する税　カ　雇用

> 　企業活動に関する知識などを基盤として，企業活動の動向など科学的な根拠に基づいて，企業活動の展開について，組織の一員としての役割を果たすことができるようにする。

(6) 身近な地域のビジネス

ア　身近な地域の課題　イ　身近な地域のビジネスの動向

> 　身近な地域のビジネスに関する知識などを基盤として，地域のビジネスを取り巻く環境など科学的な根拠に基づいて，ビジネスの振興による地域の発展について，組織の一員としての役割を果たすことができるようにする。

●「ビジネス基礎」のポイント

- ビジネスを通じ，地域産業をはじめ経済社会の健全で持続的な発展を担う職業人として必要な基礎的な資質・能力を育成することを主眼とする。
- 商業に関する学科における原則履修科目として位置付ける。
- 地域におけるビジネスの推進の必要性を踏まえ，身近な地域のビジネスに関する指導項目を取り入れるなどの改善を図った。

● 学習活動とねらい

- 身近な地域のビジネスの動向を捉える実践的・体験的な学習活動を行うこと。
- ビジネスの展開について，組織の一員としての役割を果たすことができるようにすること。

● 指導上の留意点

- 指導項目の(1)「商業の学習とビジネス」及び(2)「ビジネスに対する心構え」については，(3)から(6)までの項目を指導する前に扱うこととする。
- 指導項目の(4)のイ「ビジネス計算の方法」については，生徒の実態に応じて適切な計算用具を活用することができること。なお，計算用具を活用する際には，操作に習熟する学習活動に偏らないよう留意して指導すること。

● アクティブ・ラーニングの留意点

　協同学習におけるグループワークによる体験は，学習主題に対してポジティブなイメージを形成し，自己効力感を高める効果がある。グループ編成では，積極的に取り組む人員をバランスよく配置し環境を整える。

2．簿記

● 育成を目指す資質・能力

- 簿記についての実務に即した体系的・系統的な理解及び関連する技術。
- 取引の記録と財務諸表の作成の方法の妥当性と課題を見いだし，ビジネスに携わる者として科学的な根拠に基づいて創造的に課題に対応する力。
- 企業会計に関する法規と基準を適切に適用する力の向上を目指して自ら学び，適正な取引の記録と財務諸表の作成に主体的かつ協働的に取り組む態度。

● 学び方

- 実務に即した例題を取り入れた学習活動を行う。
- 取引の記録と財務諸表の作成の方法について考察や討論を行う学習活動を取り入れる。

● 指導項目と指導目標

（1）簿記の原理

ア　簿記の概要　イ　簿記一巡の手続　ウ　会計帳簿

> 　簿記の原理に関する知識，技術などを基盤として，取引を記録することと決算の意義について自らの考えをもつ。それとともに，適正な取引の記録と記録の効果的な活用についての意識と意欲を高め，組織の一員としての役割を果たすことができるようにする。

（2）取引の記帳

ア　現金と預金　イ　債権・債務と有価証券　ウ　商品売買

エ　販売費と一般管理費　オ　固定資産　カ　個人企業の純資産と税

> 　記帳に関する知識，技術などを基盤として，企業会計に関する法規と基準を実務に適用し，適正な会計帳簿の作成について，組織の一員としての役割を果たすことができるようにする。

（3）決算

ア　決算整理　イ　財務諸表作成の基礎

> 　決算に関する知識，技術などを基盤として，企業会計に関する法規と基準を実務に適用し，適正な決算整理と財務諸表の作成について，組織の一員としての役割を果たすことができるようにする。

(4) 本支店会計
ア　本店・支店間取引と支店間取引　イ　財務諸表の合併

> 本支店会計に関する知識，技術などを基盤として，企業会計に関する法規と基準を実務に適用し，適正な本店・支店間取引と支店間取引の記録及び財務諸表の合併について，組織の一員としての役割を果たすことができるようにする。

(5) 記帳の効率化
ア　伝票の利用　イ　会計ソフトウェアの活用

> 記帳の効率化に関する知識，技術などを基盤として，企業会計に関する法規と基準を実務に適用し，伝票の利用と会計ソフトウェアの効果的な活用について，組織の一員としての役割を果たすことができるようにする。

● 「簿記」のポイント
- 企業において日常発生する取引について適正に記録するとともに，適正な財務諸表を作成するために必要な資質・能力を育成することを主眼とする。
- コンピュータを活用した会計処理の普及に伴う実務の変化を踏まえ，仕訳帳の分割に関する指導項目を削除するとともに，扱う伝票の種類について入金，出金及び振替の三つとするほか，会計ソフトウェアの活用に関する指導項目を従前の「ビジネス実務」から移行するなどの改善を図った。
- 基本的な会計用語については，英語表記に慣れ親しむことができるよう留意して指導する。

● 学習活動とねらい
- 取引の記録と財務諸表の作成を適正に行って企業の社会的責任を果たす視点をもつこと。
- 取引の記録と財務諸表の作成を行う場面を想定し，記帳や決算に取り組む実践的・体験的な学習活動を行うことなどを通して，組織の一員としての役割を果たすことができるようにすること。

● 指導上の留意点
- 企業会計に関する法規と基準の改正などに随時対応して指導することで，適正な取引の記録と財務諸表の作成ができるようにする。
- 実務に即した例題を取り入れた学習活動にする。
- 取引の記録と財務諸表の作成の方法について考察や討論を行う学習活動にする。
- 取引の記録と財務諸表の作成の方法の妥当性と課題を見いだし，ビジネスに携わる者として科学的な根拠に基づいて創造的に課題に対応する力を育成する。
- ビジネスの様々な場面で役に立つ実務に即した知識・技術などを育成するもので

あり，提示された仕訳問題の答えを出せる力とはイコールのものではない。

● **アクティブ・ラーニングの留意点**

- 無目的に実施するのではなく，何を学ぶかを生徒に最初に定義付けしておく。
- 学習内容によっては，グループ学習より個別学習のほうが学習効率が高い場合があることを考慮し，本時の授業目標を踏まえ授業計画を立てる。
- 講座形式であっても，教師からの問いかけによりアクティブ・ラーニングが可能であり，問いかけの工夫が重要である。

3．情報処理

● **育成を目指す資質・能力**

- 企業において情報を扱うことについての実務に即した体系的・系統的な理解及び関連する技術
- 企業において情報を扱うことに関する課題を発見し，ビジネスに携わる者として科学的な根拠に基づいて創造的に解決する力
- 企業活動を改善する力の向上を目指して自ら学び，企業において情報を適切に扱うことに主体的かつ協働的に取り組む態度

● **学び方**

- 企業における情報の管理と活用に関する具体的な事例について多面的・多角的に分析し，考察や討論を行う学習活動。
- 表現の方法や伝え方などの工夫について考察や討論を行う学習活動。
- 企業において情報を扱う具体的な場面を想定した実習。

● **指導項目と指導目標**

（1）企業活動と情報処理

ア　情報処理の重要性　イ　コミュニケーションと情報デザイン　ウ　情報モラル

> 　企業における情報処理に関する知識，技術などを基盤として，情報処理の意義と課題について自らの考えをもつ。それとともに，企業における適切な情報処理についての意識と意欲を高め，組織の一員としての役割を果たすことができるようにする。

（2）コンピュータシステムと情報通信ネットワーク

ア　コンピュータシステムの概要　イ　情報通信ネットワークの仕組みと構成
ウ　情報通信ネットワークの活用　エ　情報セキュリティの確保と法規

> 　コンピュータシステムと情報通信ネットワークに関する知識，技術などを基盤として，情報技術の進歩，コンピュータシステムと情報通信ネットワークの活用に関する具体的な事例など科学的な根拠に基づいて，適切な情報の収集と管理について，組織の一員としての役割を果たすことができるようにする。

(3) 情報の集計と分析

ア　ビジネスと統計　イ　表・グラフの作成と情報の分析
ウ　問題の発見と解決の方法

> 　情報の集計と分析に関する知識，技術などを基盤として，ビジネスに関する情報の集計と分析に対する要求などに基づいた適切な情報の提供と効果的な活用について，組織の一員としての役割を果たすことができるようにする。

(4) ビジネス文書の作成

ア　文章の表現　イ　ビジネス文書の種類と作成

> 　ビジネス文書の作成に関する知識，技術などを基盤として，ビジネス文書の作成に対する要求などに基づいた適切な情報の発信について，組織の一員としての役割を果たすことができるようにする。

(5) プレゼンテーション

ア　プレゼンテーションの技法　イ　ビジネスにおけるプレゼンテーション

> 　プレゼンテーションに関する知識，技術などを基盤として，プレゼンテーションに対する要求などに基づいた適切な情報の伝達について，組織の一員としての役割を果たすことができるようにする。

●「情報処理」のポイント

- ビジネスに関する情報を収集・処理・分析して表現し，活用する一連の活動を，情報セキュリティの確保，知的財産の保護などに留意して行うなど，企業において情報を適切に扱うために必要な資質・能力を育成することを主眼とする。
- 情報を適切に表現し，活用できるようにする視点から，情報デザイン及び問題の発見と解決の方法に関する指導項目を取り入れるなどの改善を図った。

● 学習活動とねらい

- 企業における情報の管理と活用に関する具体的な事例について多面的・多角的に分析し，考察や討論を行うこと。
- 企業において情報を扱う具体的な場面を想定した実習を行い，情報を扱う者としての役割と責任について理解を深める。

<table>
<tr><td colspan="2" align="right">指導教諭　　○○　○○　印
教育実習生　○○　○○　印</td></tr>
</table>

日時・場所	令和○年○月○日（○）　第○限　1 年○組教室
対象	1 年○組（男子○○名　女子○○名　計○○名）
教材	教科書：ビジネス基礎【○○出版】　　　副教材：ビジネス基礎問題集【○○出版】

単元	主題	第○章　ビジネスに対する心構え
	目標	信頼関係の構築やコミュニケーションなど，ビジネスに対する心構えに関する知識・技術を基盤に，ビジネスの展開について，組織の一員としての役割を果たすことができるようにする。
	時間	1　信頼関係の構築（1 時間）　2　コミュニケーションの基礎（2 時間）　3　情報の入手と活用（2 時間）

本時	主題	第○章　ビジネスに対する心構え　2　コミュニケーションの基礎（1/2 時間）
	目標	(1) コミュニケーションの大切さを理解させる。 (2) コミュニケーションの種類を理解させる。 (3) 上手なコミュニケーションのとり方を理解させる。

資料・教具	教科書，問題集，自作プリント

段階	時間	学習内容	学習活動	指導上の留意点	評価基準	知技	思判表	主体的態度	評価方法
導入	5分	・挨拶	・挨拶をする。	・身だしなみが整っているかを確認し，挨拶をしっかりさせる。	・授業の準備ができているか。			○	行動観察
		・前回の復習	・教科書を使って復習する。	・ビジネスで必要な信頼関係の構築について発問をし，復習させる。	・ビジネスで必要な信頼関係の構築について理解できているか。	○			発問
		・本時の内容の確認	・本時の学習内容を理解する。	・本時は，コミュニケーションの大切さについて学ぶことを伝える。	・意欲的な態度が見られるか。			○	行動観察
展開	40分	・コミュニケーションの役割	・説明を聞き，必要事項についてメモをとる。	・組織が円滑に運営されるにはコミュニケーションが必要であることを理解させる。	・組織の円滑な運営とコミュニケーションの関係について理解しているか。	○			行動観察
				・コミュニケーションが伝える内容や意味は，情報だけでなく，感情や態度も伝えていることを理解させる。	・コミュニケーションは互いの感情や態度も伝えていることを理解しているか。	○			発問
		・コミュニケーションの必要性を理解するための活動（体験活動）	・指示に従い，グループ編成を行い，活動分ける。	・縦一列を1グループにし，話し合う生徒と観察する生徒に分ける。全体で，それぞれ3グループを作るよう指示する。	・「話し合う生徒」は，積極的に自らの考えを述べているか。		○	○	行動観察
			・コミュニケーションの必要性について考える。	・話し合う生徒には，コミュニケーションの必要性と的確な情報の入手について話し合わせる。	・「観察する生徒」は，話し合っているグループの様子を観察し，メモをとっているか。		○	○	行動観察 机間指導
		・コミュニケーションによる情報の的確な入手について	・情報の的確な入手について考える。 ・グループが活動する様子を観察し，気付いたことはメモをとる。 ・発表を記録する。	・観察する生徒には，グループの様子を観察し，メモをとるよう指示する。 ・観察していた生徒に気付いたことを発表させる。	・記録の整理と適切な発表ができているか。		○	○	行動観察
		・コミュニケーションの大切さ	・コミュニケーションの大切さを理解する。	・活動の内容を振り返りながら，円滑な活動のためにはコミュニケーションが大切であることを確認させる。	・円滑な組織の運営にはコミュニケーションが必要であることを深く理解できたか。	○	○	○	発問 行動観察
まとめ	5分	・次回の予告 ・挨拶	・次回の学習内容を知る。 ・挨拶をする。	・次回の内容を伝える。 ・身だしなみが整っているかを確認し，挨拶をしっかりさせる。	・意欲的な態度が見られるか。 ・身だしなみが整い全員の礼が揃っているか。			○	行動観察

ご高評

図 7-1　「ビジネス基礎」学習指導案

指導教諭　○○　○○　印
教育実習生　○○　○○　印

日時・場所		令和○年○月○日（○）　第○限　○○教室							
対象		1 年○組（男子○○名　女子○○名　計○○名）							
教材		教科書：新簿記【○○出版】　　副教材：簿記問題集【○○出版】							
単元	主題	第○章　固定資産の取引と記帳法							
	目標	(1) 固定資産の意味と種類を明らかにし，固定資産に関する記帳方法を理解させる。 (2) 固定資産台帳の役割を明らかにする。							
	時間	1　固定資産の意味と種類　2　固定資産の取得　3　固定資産の売却　4　固定資産台帳　　計 3 時間							
本時	主題	第○章　固定資産の取引と記帳法　1　固定資産の意味と種類　2　固定資産の取得　3　固定資産の売却　（1/3 時間）							
	目標	(1) 固定資産の意味と種類を明らかにする。 (2) 固定資産を取得したとき，不要になって売却したときのそれぞれの記帳方法について理解させる。							
資料・教具		自作プリント，電卓							

段階	時間	学習内容	学習活動	指導上の留意点	評価基準	知技	思判表	主体的態度	評価方法
導入	5分	・挨拶 ・本時の内容の確認	・挨拶をする。 ・本時の内容を確認する。 ・グループ学習ができる体制を整える。	・身だしなみが整っているかを確認し，挨拶をしっかりさせる。 ・資産の要素である固定資産についての学習であることを伝える。 ・固定資産の取得と売却の記帳方法について学習することを伝える。 ・グループ学習の体制作りを指示する。	・授業に臨む姿勢ができているか。			○	行動観察
展開	40分	・固定資産の意味と種類	・固定資産の意味と種類を理解する。	・固定資産の意味と具体例をグループで考えさせる。 ・資産は大きく分けると流動資産，固定資産，繰延資産に分類できることを伝える。 ・固定資産の具体例をあげ説明する。 ・取得原価が一定額未満のものは消耗品費勘定によって処理をすることを説明し，備品勘定との違いについて説明する。 ・固定資産の意味と種類をプリントの空欄を埋めながら確認させる。 ・付随費用について説明をする。	・固定資産の意味と種類について理解できているか。	○	○	○	発問 行動観察
		・固定資産の取得	・固定資産を取得したときの仕訳を理解する。	・固定資産を取得したときには，借方に固定資産の勘定科目を記入することを確認する。 ・固定資産を取得したときの仕訳をするには，買入価額に付随費用を含めて取得原価とすることを説明する。 ・プリントの例題の仕訳を考えさせる。 ・仕訳の際に，使用する勘定科目について注意させる。	・固定資産を取得したときの仕訳が理解できているか。	○	○	○	行動観察 発問 机間指導 プリント
		・固定資産の売却	・固定資産を売却したときの仕訳を理解する。	・仕訳の例題を発問し，解答をさせる。 ・固定資産売却時の記帳について説明する。 ・帳簿価額について説明する。 ・帳簿価額と売却価額との差額で，固定資産売却益か固定資産売却損勘定を用いて処理することを説明する。 ・固定資産の売却時には，固定資産の勘定科目を貸方に記入させ，資産の減少であることを確認する。	・固定資産を売却したときの仕訳が理解できているか。	○	○	○	行動観察 発問 机間指導 プリント
		・問題演習	・問題集の問題を解く。 ・グループで正解を確認する。	・プリントの例題の仕訳を考えさせ，グループで正解を確認させる。 ・問題集の問題に取り組ませる。 ・質問がないかを確認し，質問が出た際は，他の生徒にも伝える。	・意欲的に問題に取り組んでいるか。 ・固定資産の売却について仕訳が理解できているか。		○	○ ○	行動観察 行動観察 発問
まとめ	5分	・本時のまとめ	・本時の内容を振り返る。 ・挨拶をする。	・作業をやめ，前を向かせ，本時の内容を確認する。 ・身だしなみが整っているかを確認して，挨拶をしっかりさせる。	・本時の内容が理解できているか。 ・しっかりと挨拶ができているか。	○		○	行動観察 発問

ご高評

図 7-2　「簿記」学習指導案

指導教諭　　○○ ○○　　印
教育実習生　○○ ○○　　印

日時・場所		令和○年○月○日（○）　第○限　○○室
対象		1 年○組（男子○○名　女子○○名　計○○名）
教材		教科書：最新情報処理　新訂版【○○出版】
単元	主題	第○章　企業活動と情報処理
	目標	(1) 情報化社会における情報処理の意義と課題を理解し，適切な情報処理に主体的かつ協同的に取り組む態度を身に付ける。 (2) 企業における適切な情報処理について理解するとともに，関連する技術を身に付ける。
	時間	1　情報処理の重要性（2 時間）　2　コミュニケーションと情報デザイン（2 時間）　3　情報モラル（3 時間）
本時	主題	第○章　企業活動と情報処理　3　情報モラル（1/3 時間）
	目標	(1) 情報化社会における様々な課題とその対応について理解させる。 (2) 情報化社会のよい面，悪い面をグループ討議し，情報モラルの理解と正しい情報の活用について考えさせる。
資料・教具		自作プリント

段階	時間	学習内容	学習活動	指導上の留意点	評価基準	知技	思判表	主体的な態度	評価方法
導入	5分	・挨拶	・挨拶をする。	・身だしなみが整っているかを確認し，挨拶をしっかりさせる。 ・前時に学習した内容を確認する。	・授業に臨む姿勢ができているか。			○	行動観察
		・本時の内容の確認	・本時の学習内容を理解する。	・情報化社会の光と影についてグループ討議し，情報化社会の対応について考える時間であることを伝える。	・本時に学ぶ目標を確認できているか。	○			行動観察
		・事前準備の確認	・事前に指示されていたことが準備できているかを確認する。	・以下の 2 点について，事前に準備ができているかを確認させる。 ①全体を3グループに分割しておくこと。 ②各グループのリーダーと記録者（発表者）を決定しておくこと。	・あらかじめ，3 グループの決定と役割分担ができているか。			○	質問・確認
展開	40分	・情報化社会の光と影について	・情報化社会の光と影についてグループ討議をする。 ・グループワークを行う。 ・各グループの意見を発表する。	・情報化社会の光と影について討論させる。 ・机間指導（助言するとともに討論の進行と時間配分の確認）をする。質問が出た際は，必要に応じて補足や修正をする。 ・グループでまとまった意見を協力してB紙に記入させる。 ・発表者が落ち着いて発表できるように協力すること，グループ発表後の相互評価シートに記入するために必要なメモを取りながら聞くように指示をする。	・情報化社会の光と影についてグループで考えをまとめることができたか。 ・グループで協力して，作業に取り組めたか。 ・積極的に発表し，グループの意見を的確に発表することができたか。	○ ○	○ ○		行動観察 机間指導 行動観察 机間指導 行動観察 発言
			・各グループの意見を聞き，メモをとる。 ・各グループの意見を質問する。 ・情報化社会への今後の向き合い方について考える。	・補足が必要なところは発表者に質問することにより，さらに具体的な意見を引き出す。 ・各グループから出た意見について解説をする。 ・各グループが作成したB 紙を用いて，情報化社会の対応の在り方について理解させる。 ・情報化社会の中で，今まで自分が考えていたことや行っていたことが，安全で適正であったかを考えさせる。	・情報化社会の光と影を理解できたか。 ・情報化社会に対する今後の向き合い方について深く考えることができたか。	○ ○	○ ○		行動観察 発言 行動観察
まとめ	5分	・本時のまとめ	・本時に学習した内容を復習する。 ・各自のグループ討議への参加度と各グループの発表について評価する。	・本時の内容を確認させる。 ・グループ討議に積極的に参加できたか，他のグループの発表はどうであったかを，相互評価シートに評価するよう指示する。	・授業内容が理解できたか。 ・相互評価シートをしっかりと記入できているか。	○	○	○	行動観察 行動観察
		・挨拶	・挨拶をする。	・身だしなみが整っているかを確認し，挨拶をしっかりさせる。					

ご高評

図 7-3　「情報処理」学習指導案

- **指導上の留意点**
- 情報技術の進歩に留意して指導すること。
- 各種ソフトウェアの操作方法を習得することにとどまるものではない。
- いきなりソフトウェアを活用した実習を行うのではない。前段となる学びが重要である。
- 企業においてビジネスに関する情報を収集・処理・分析して表現し，活用する具体的な場面を想定した実習などを取り入れることが大切である。
- **アクティブ・ラーニングの留意点**

ものづくりを導入した共同作業による AL を実施する場合，次の影響要因を考慮し学習環境を整備する。

- 班内で協調して作業を行い，円滑なコミュニケーションが推進できる環境を作る。
- 協働制作では，全員が貢献できるように班の作業状況を把握し班全員が関与できる仕組みを作る。

これらにより班作業を通じて，課題の共有，作品完成等の達成感がメンバー間の信頼関係の構築につながる。

> ▶▶ **演習 5**
> 学習指導案を作成してみよう。

5 節　商業教育におけるキャリア教育と専門性

1. キャリア教育と商業教育

商業教育においては，商業に関する教育が充実・推進しているから改めてキャリア教育に取り組む必要性はないという意見も一部ある。商業教育は，キャリア教育と同義ではない。職業キャリアを形成するのに必要な知識・技術を身に付けさせる商業教育が，重要かつ大きな役割を果たしているものと位置付けられる。商業高校は単にキャリア教育を推進するだけでは普通科高校等との差別化を図れないことも明らかである。

生徒に，自分の夢やあこがれなど，将来の進路を視野に入れた学びの高揚や生涯にわたり学ぶことの重要性や自信と誇りを認識させるキャリア形成に寄与する商業教育の充実が求められる。商業教育の充実を通して，キャリア意識を育成させるためには，産業構造の変化や雇用関係の多様化等の経済社会の変化に対応した就業体験等の創造的・実践的な商業教育・実学としての商業教育の展開が特に重要である（全国商業高等学校長協会，2014）。

　かつて商業高校生の進路は，就職が大半であったが，近年は高学歴社会の進展に伴って商業高校においても大学進学率が上昇している。2010 年に全国の校長を対象にしたアンケート調査によると，「四年制大学」への進学 25.2%，「短期大学」8.2%，「専門学校」25.5% で進学者の合計は 58.9% である（全国商業高等学校長協会，2014）。

　商業教育はビジネス教育であり商業という業だけでなく，様々な業種の職につながっている。商業教育を通じ，地域産業をはじめ経済社会の健全で持続的な発展を担う将来の職業人として必要な資質・能力を育成していかなければならない。

2. 学科と商業教育

　商業高校や商業科設置校においては，商業に関する教科・科目を学習し商業の専門教育を当然実施している。また，他の学科においても商業に関する科目の学習が広く行われている。普通科高校，他の専門高校，特別支援学校においても実施している。

　商業の各分野の中から基礎的な内容の科目を履修させる方法をとり，資格取得や職場体験学習などの実践的・体験的な学習内容や指導方法を取り入れてキャリア教育の一環として効果的に実施している。また，1994 年に高等学校教育の一層の個性化・多様化を推進するために，普通科教育及び専門教育を選択履修する学科として総合学科が設けられた。単位制による課程とし，ある程度系統立った分野の科目を履修するようガイダンスがなされ，商業に関する内容の指導系列を設けている高校が多く見られる。

6節　魅力ある商業教育とこれから

1. 商業教育の魅力と使命

　新高等学校学習指導要領が目指す，育成すべき資質・能力としては，「何を理解しているか」や「何ができるか」のみでなく，「理解していることをどう使うか・活用するか」，さらには「どのように社会と関わり，よりよい人生を送るか」が求められている。これは，単に「知っている」ということから，「使える」や「活用できる」ことであり，当面する「問題解決を効果的，効率的に成し遂げる」ことができる力である。つまり，問題解決力をいかに身に付けさせるかが重視されているのである。

　ここで，商業教育で身に付けさせたい問題解決力について考える。商業教育が扱う問題には，解があらかじめ想定されていないことが多い。したがって，生徒は解を見つけ出すために，既得の知識・技術を総動員して，時には，他人の力も借りて解を見つけ出していく。

　これを行う原動力が商業の学びによって身に付けた資質・能力である。このように

商業教育では，様々な問題を解決できる力を育成するベースがすでにある。

　今回の改訂では，これからの商業教育で扱う内容として，「観光」「コミュニケーション」「マーケティング」及び「マネジメント」をキーワードとしてあげている。特に，「観光」分野が取り上げられ，「サービス」の提供や創造を視野に入れた学びを重視している。この理念や方向性を受けて，今後も，生徒にとって「魅力にあふれた，よりよい商業教育」を目指さなければならない。

　生徒にとって「よい教育」のキーワードは「成長できる」である。「成長」とは「力が付く」と言い換えることができる。生徒に力を付け，成長を実感させる教育が生徒にとってよい教育である。幸い商業教育には，生徒1人ひとりを成長させるのに必要な材料が豊富にあり，学ぶ生徒たちにとって役立つものである。

　今後も商業教育の課題や方向性を見失うことなく，新しい見方・考え方やスキル等を共有し，生徒にとってよりよい教育にすることを実現する，そのことが商業教育の使命であり，責任である。

2.　商業教育の魅力ある取り組み例

　「商業教育は実学である」を具現化するために，各商業高校（商業教育実施校）では常に「魅力にあふれる商業教育」の取り組みを行っている。ここに，愛知県公立学校商業教育ガイドブックから実践例を紹介する。今後の新しい取り組みを考える一助になるので，参考にしてもらいたい。

◆ ケーススタディ

　ケースとは実際の会社などで起きた経営活動の出来事を物語的に記述したもので，特定の登場人物の立場になって様々な判断をするよう記述されている。新聞記事や経済雑誌などをケースとして活用している。

◆ キッズビジネスタウンの企画・運営

　「子どもたちがつくる，子どもたちの街」をテーマに，小学校の児童が市民となり，みんなで働き・学び・遊ぶことで，ともに協力しながら街を運営し，社会の仕組みを学ぶ。就職から労働，消費までの一連の流れを体験させる活動で，子どもたちのキャリア意識を醸成する。

◆ 商品開発

　ごんぱんだ（半田商業高校）／古知野ぴちぷる ＪＫｋｉ（ジェイケー キ）（古知野高校）／フェアトレードコーヒー（南陽高校）／トリックオアモーニング（一宮商業高校）／希望のはちみつりんご（愛知商業高校）／天下シリーズ「天下の飴」「天下のかりんとう」他（岡崎商業高校）／漬物武将「のぶたく」＆漬物嬢「ひめたく」（緑丘高校）

◆ 模擬株式会社

　全校生徒が入学時に株券を購入し，株主になる。集まった出資金をもとに，課題研究の授業で商店街の店舗経営，文化祭で模擬店舗経営を行う。年度末に学科・クラスごとに決算を行い，株主総会で報告する。利益処分案が可決されると，株主である生徒1人ひとりに対して利益が配当される。

◆ 電子商取引

　ネットショッピング業を営む模擬株式会社を設立し，仕入れや販売，必要となるコンピュータ業務を体験的，実践的に学習する。

◆ 産業界及び大学による学習機会の提供

- 高校生ビジネスプラングランプリ

　この取り組みは，実社会で求められる「自ら考え，行動する力」を身に付けることができる，起業教育を推進することを目的としたビジネスプランコンテストである。

- 楽天 IT 学校

　「楽天株式会社」「楽天市場出店店舗」「学校」の三者で展開する産学連携授業。楽天のノウハウを学びながら，ネットショップ運営の実体験を通じ，実践的な電子商取引を理解していくカリキュラムである。

- 全国ビジネスアイディア甲子園

　社会の変化に柔軟に対応し，自立した人材の育成を目的とした「起業教育」の実践の場として，全国の高校生に新しい商品やサービスに関するアイディアを募集するコンテストである。

3. 商業教育と資格取得及び検定試験

　生徒1人ひとりの個性を育て伸ばしていくためには，生徒が目的意識をもって意欲的に学習活動に取り組むことを促すことが大切である。このため，これまでに取り組んできた商業に関する職業資格の取得や検定試験による力量や知識の認定評価は，今後も一層推し進めるとともに学んだ内容が生きた力となるように指導することが望まれる。さらに，職業資格等の取得に関連した学校設定科目の開設，技能審査の成果の単位認定制度の活用及び商業に関する部活動の充実等を図り，生徒の学習を積極的に支援するとともに，学校の内外で身に付けた知識・技術を検定試験で積極的に評価することも大切である。社会一般にいう資格とは様々な形で使用されている。資格試験と検定試験は，一定のジャンルや一定の範囲の試験により実力や知識が認められる面で同じであるが，資格試験では合格後に独占的な権利（職業資格：その資格をもつ人しか仕事ができない）が発生するものであり，検定試験は一定ラインまで達している

ことを認定（非職業資格：公的機関や民間企業がその能力を証明）するもので就職や
転職においての知識・技能の証明等で活用し合格後に独占的な権利は発生しない点で
違いがあり，分類することができる。

- 商業に関係のある資格試験例：公認会計士，税理士，中小企業診断士等
- 商業に関係のある検定試験例：全国商業高等学校協会主催，全国経理教育協会主
  催，日本商工会議所主催，経済産業省主催，実務技能検定協会主催等

> ▶ ▶ **演習 6**
> 前述の「商業教育の魅力と使命」と「商業教育の魅力ある取り組み例」をもとに，
> 商業教育の今後について考察しよう。

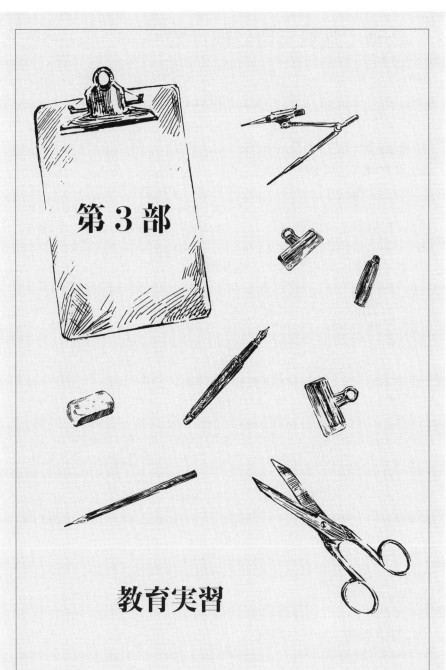

第3部

教育実習

8章　教育実習に向けて

1節　教育実習で学ぶこと

1. 教育実習とは何だろう

(1) 教育実習は，何のために行うのか？

　今，これを読んでいるあなたは「あなたは，何のために教育実習に行くのですか？」と聞かれたら何と答えるだろうか。教育実習を目前に控えている人と，教育実習はどういうものなのだろうと考えて，なんとなくこのページを開いた人では，違う回答が出てくるかもしれない。今のあなたは，この問いにどんなふうに答えるだろうか。

(2) 教育実習とは：そのオフィシャルな位置付け

　その回答について考える前に，法令上，つまりオフィシャルな教育実習の位置付けについて確認しておこう。

　教育実習は，教員免許状を取得するための必修科目の1つである。その特徴としては，大学ではなく実際に学校で2週間から4週間の実習を行い，中学校の教員免許状では5単位，高等学校の教員免許状では3単位を取得する必要がある（ただし，そのうち1単位分は大学での事前事後指導の授業にあてられている）。そして，もう1つの特徴としては，大学が指導する科目の1つでありながら，実習校での評価を含めて成績評価が行われる科目だということである。評価方法についての詳細は大学によって異なるから，より詳しく知りたい場合は大学の先生に尋ねてみよう。

　また，すでにインターンシップやボランティアとして学校での教育活動を体験している人もいるかもしれない。教育実習がそうした体験と大きく異なるのは，実習生がメインとなって（つまり原則的に1人で）授業を行うということである。これまでは教室の後ろで，あるいは生徒たちの間で授業に参加していたのに対して，教室の前に立って，自分自身の力で授業を進めていくことになる。

　ここまでの説明は，教職課程を履修しているみなさんには，もはや当然のことかもしれない。いずれにしても実際の教育現場で授業を行うという点からして，学生にとっては過去数年間，しかも自分の時間を費やしてきた教職課程履修の集大成といっても過言ではない。ぜひ，しっかりと準備をして臨みたい。

(3) 教育実習生はどう見られているか

　さて，最初の「あなたは，何のために教育実習に行くのですか？」という問いに戻ろう。あなたは今，どんなふうに答えるだろうか。「教員免許のためには，行かなけ

ればいけないから」「授業準備や生徒指導など大変そうだけれど，教員免許がほしいから」「特に答えなんてない。行かなければいけないもの」。どの答えも，間違いではない。あなたは教員免許がほしいと思っていて，教育実習へ行く。しかし，数週間という時間をできるだけ意義のある時間にするために，さらに考えを深めてみよう。そのためには，視点を拡大して教育実習生を受け入れてくれる学校の立場になって考えてみることが不可欠である。

　あなたがこれから関わることになる，実習校の生徒たちはどんなふうに考えているだろうか。これまで実習校を訪問してきて感じられるのは，多くの生徒たちは基本的に「若い先生が来てくれるのは楽しみだ」と思っているということだ。自分に年齢が近いのだから，いろいろな話ができそうだし，授業もおもしろいかもしれない。ただ，クラス全員がそうした考えをもっているわけではない。中には「うまく付き合えるかどうか，不安だ」と思う生徒もいる。

　実習校の先生方はどうだろうか。多くの先生方は「将来の自分たちの同僚を育てるのだ」，そのためには「ここで力をつけていってもらいたい」という意識をもっておられるはずである。あるいは「生徒たちと近い年代の実習生が来ることで，学校内部の活動を活発にしてほしい」という期待を込めて待っている。一方で，こんなお叱りを受けることもある。「教育実習生の受け入れは，義務ではないのですよ」。あなたにとっては教員免許取得のための必修科目であるのに対して，学校に受け入れ義務はないのだ。あるいは，長い時間をかけて生徒どうしの関係を作ったクラスに他人が入ってくることへの不安，授業を任せることへの不安を口にされる場合もある。

　教育実習生が関わることは基本的にはないものの，実習校の保護者の声が聞こえることもある。「実習生が来てから，子どもが楽しそうに学校に行くんですよ」。また他方，「授業は遅れないのでしょうか」「自分のしつけと違う影響を受けてこないでしょうか」という不安もある。

　ここまで読んできたあなたは気づいただろう。教育実習は，あなた自身にとっては教員免許の取得，あるいは教職に就くという夢や目標を実現するための大事なステップである。そのこと自体，否定する必要はない。ただし，学校そのものは，教育実習生のために用意されているわけではないということにも深く注意する必要がある。学校は，教師と生徒，そして保護者など，多くの人々の努力が積み重ねられて運営されているところである。学校という場で，自分自身の力を存分に発揮するためにはどんな準備をしていったらよいのだろうか。

2．教育実習に向けて準備しよう

(1)　教育実習という経験を豊かなものにするために

　準備をするといっても，自分がいる場所は大学だし，目の前に生徒も先生もいるわけではない。また自分の卒業した学校ではないところで教育実習をするため，どんな雰囲気の学校か分からない人も多いだろう。そんな環境でもできることは，大きく分ければ，①自分自身を振り返ること，②授業だけでなく，学校生活の様子について知っておくこと，③授業を組み立てるための用意をすることがあげられるだろう。本書では第 2 部までで各教科の教育法を詳しく解説してあるから，ここでは，このうちの①と②を中心にして教育実習の準備について考えてみよう。

①自分自身を振り返ること

　まずしておきたいこと，あるいは手をつけやすいことは，とても地味なことかもしれないがあなた自身について振り返ることであり，それが準備の第一歩となる。ここでは，次にあげるようなことについて，(a) これまでの学習で成長できた，あるいは得意だと思う点，(b) 教育実習に行くにはまだ足りないと思う点の二面から振り返ってみよう。

- **学部の専門科目について**：教職課程の学習の基礎であり，教育実習で生徒に教える内容やそれをさらに深く学んできた部分である。自分はどんな分野の学習に力を注いできただろうか。例えば，理科で教育実習をする人は，物理はとても得意だけれど生物はちょっと苦手だということはないだろうか。学校の「教科」は大学で学んでいる専門科目に比べて意外なほどに幅広い。しかし，教員免許はその「教科」ごとに出されることを忘れずに。
- **教科の指導について**：特に，教材から授業を構成する力，授業を最後までやり遂げる力はどうだろうか。例えば，授業の導入で生徒の興味・関心を引くことができるのが自分の力だけれど，最終的に生徒がその時間に何を学んだかは心もとない，ということがあるかもしれない。あるいはもっと細かく，わかりやすい板書を工夫したいと思うかもしれない。この本の第 2 部を参考にしながら，自分自身の教科指導の力を振り返っておこう。
- **授業時間外のことや，自分自身の教育について振り返る力**：大学の科目でいえば，教職課程での「教職に関する科目」(2019 年以降は「教科及び教職に関する科目」のうち，「教育の基礎的理解に関する科目」「道徳，総合的な学習の時間等の指導法及び生徒指導，教育相談等に関する科目」を中心とする科目) に関係する部分である。特に教育実習では，授業時間外での生徒との関わりもある。そんなとき

に，生徒の発達段階をどう理解しているか，生徒指導はどんなふうにするのかといった知識があなたの助けになるはずである。また，特別活動の時間を任される場合もあるから，その時間の構成ができるかどうかを考えておくのもよいだろう。さらにいえば，自分自身の授業や生徒との関わり方を振り返って，次にどうしたらよいかを考えられるかも関係している。

• **大学の学習以外で教育実習に生かしたいこと**：もちろん，大学での学習だけが教育実習に生かされるわけではない。直接的にはインターンシップやボランティアの体験は，小学校，中学校など体験した学校種に関係なく生かせる場面が多いだろう。これについては後に述べる部分で考えてみよう。また，学校など教育現場以外での体験，例えばアルバイトでも，さらには友達と教育について時間を忘れて議論した経験など，生かせるかもしれないことは数多い。

　このような視点から振り返って，自分が成長できたと思う点は教育実習までにさらに磨いたり，実際にどんな場面で生かせるかを考えたりしておくとよいだろう。他方で足りないと思うことが見つかったら，今からでも遅くはない。少しでも力を補強しておこう。その補強は決して完璧にならなくてもよい。まだ不足しているのなら，教育実習でさらに学んでくればよいのだ。自分自身に不足している点をきちんと認識しておくこと，そして少しでも補おうとした経験があることは，教育実習が始まってからのあなたを支えることになるだろう。

②学校生活の様子について知っておくこと：実習校の先生たちの一日

　自分自身のことを振り返ったら，今度は学校生活の様子について知っておくことにしよう。表8-1は「金田先生の一日」と名づけられた，ある中学校教師の一日の様子を記録した文章から作成したものである。

　この表からどんなことに気づくだろうか。私たちの経験では，教師といえば授業をしている姿が最も鮮明な記憶として残っているのではないだろうか。もちろん，授業は比較的まとまった時間を使う教師のメインの仕事ではある。だが，この表ではそれ以外の実に様々な仕事が並んでいることに気づくのではないだろうか。

　出勤後の約1時間と昼休みにはこまごまとした仕事が続いており，放課後には会議や教室の整備，事務的な作業などが待っている。また，この表では分かりづらいが，教室で食べる給食の時間も生徒と一緒にいる以上，それは「給食指導」の時間である。

　教師の仕事は，①どこまでやったから終わりという性質のものではない＝無境界性，②大きいこと，小さいこと，あるいは生徒関係，保護者関係などが並行して遂行される＝複線性，③決まった働きかけをすれば必ず一定の結果が出るものではない＝不確実性という特徴があるとされている。特にこの表にはそのうちの①無境界性，②複線

表 8-1　金田先生の一日（秋田・佐藤，2006 より）

時間	教師の動き	場所	時間	教師の動き	場所
7:40	出勤			いったん職員室へ	職員室
	連絡事項の確認	職員室		給食	教室
	保護者会の連絡資料印刷				
8:00 すぎ	日直の日誌をつける			提出物チェック	職員室
				割れた窓ガラスの処理	校内
8:20	全校朝会	校庭		状況を教頭へ報告	職員室
				長欠の生徒の家へ電話	
	電話応対	職員室		授業 5 時間目（自習指導）	教室
	学年団打ち合わせ			授業 6 時間目（2 年生）	
	連絡事項・出欠確認	教室		HR（文化祭について話し合い）	
8:50	授業 1 時間目（1 年 1 組）				
	授業 2 時間目（1 年 2 組）		15:30	職員会議	
	休み時間	廊下	17:00	部活動の指導	校内
	生徒と雑談	職員室			
	お茶を飲む		18:00 すぎ	掲示物はり	
	休んだ生徒の保護者へ電話			翌日の資料準備，書類作り	
	PTA への連絡対応				
	授業 3 時間目	教室	19:00 すぎ	帰宅	
	授業 4 時間目				

性が表現されているといえるだろう。

　さらに，何よりも，私たちが大学の教職課程で非常に重要なこととして意識してきた「教材研究」の時間は，この教師の場合，ほとんどとれていないことも分かる。

　教育実習生の立場になってみると，こうした隙間のない教師の生活に準じて実習を行うのだということが分かる。教室など生徒と接している間は「指導」する立場であり，職員室や教育実習生の控え室はもちろん休息の場でもあるが，次の活動のための準備をする場でもあるということになる。しかも，自分自身の教材研究の時間がとれない教師から指導案の内容や実際の授業について指導を受けるということになる。

　これを読んでいるみなさんは，ずいぶん窮屈な実習生活を想像してしまうかもしれない。学校そのものは教育実習生のために準備されているのではないということも書いた。しかし一方で，教育実習生はその一挙手一投足が縛られているわけでもない。この実に微妙なバランス状態を渡っていくには，最低限，次のようなことを意識してみよう。

(2) 教育実習生として意識しておくこと

①日常の心がまえ

- 教育実習では，「学生」ではなく「教師」としての意識をもって，生徒や先生方，その他の職員の方と接するようにしてみよう。
- 教育実習期間中は，実習校は自分の学校だという意識をもって行動してみよう。
- 担当する学級が決まったら，その学級の全員の名前を覚えていこう。

②授業について

- 積極的に授業参観し，他の先生の授業方法や生徒への接し方に注意してみよう。
- 教育実習に行く前に，分かる範囲で教材研究をしていこう。実習に入ったら，生徒の様子をよく観察して，授業構想を手直ししていこう。
- 学習指導案は分かる範囲で事前に作成しておこう。分からないところは指導教諭の指示で作成しよう。

③生徒に対する見方や関わり方

- 「どんな生徒も伸びるのだ。必ず伸びる可能性を秘めているのだ」という意識で生徒を見ていこう。
- 休憩時間や放課後も，生徒と触れ合ってコミュニケーションをとっていこう。
- 教育実習生の言動からも生徒は大きな影響を受けることがある。そういうことを自覚して言葉を選んでいこう。よかれと思ってかけた言葉が生徒には負担になることもある。

④自分自身について

- 他の先生や教育実習生と協力していく姿勢を意識しよう。
- 指導教諭から指示されたことは，きちんとこなすように努力しよう。
- 教育実習生にも「守秘義務」があることを常に念頭に置いておこう。

　教育実習に行く前，あるいは行っている最中のみなさんは，これらの意識と自分の気持ちを照らし合わせてみよう。ここに書いたことは単純な「お説教」ではない。教育実習の経験を豊かなものにするために，日常生活や授業構想を円滑にしていく最低限の意識と思ってもらえればよい。逆にいえば，最低限これだけの意識をもって，あとはのびのびと自分らしい教育実習生活を送っていこう。

2節　教育実習の実際：教育実習生の一日から

　それでは，教育実習生の一日はどんな流れになるのか見てみよう。ここに普通高校で理科の教育実習をした学生と，工業高校で教育実習をした学生の一日の様子がある

（表 8-2，表 8-3）。まずは，教育実習生が実際にはどんな生活を送っているのか，そのときの様子を想像しながら読んでみよう。そして，2 つの実習事例から以下の 1. 及び 2. のことについて考えよう。

1.　一日の基本的な動き

　この 2 人の教育実習校での生活スタイルは，基本的には同じであるといえるだろう。朝は，出勤後に打ち合わせ，連絡事項の確認，ST から授業時間へという流れになっている。なお，教育実習中は学校へ「登校」するのではなく「出勤」する。

　授業時間は，自分自身で行う授業のほか，学校の先生方の授業や他の教育実習生の授業を参観することもある。教育実習生が授業を行った場合は反省会が設けられるのが基本であるので，そこでは自分の授業を振り返って，授業のよい点を確認するとともに，次の授業での改善点をはっきりさせておこう。

　昼食や清掃，また部活動の時間は，授業から離れて生徒たちとコミュニケーションをとる機会である。授業中には見えなかった生徒の本音が聞ける場合もあるし，年齢の近い生徒たちから大学生活について質問されることもあるかもしれない。そうした会話から生徒たちがどんな興味・関心をもっているのかを観察して授業に反映させることもできる。

　そして，授業時間後の活動が教育実習生にとっては重要である。まず，教育実習日誌，あるいは日報と呼ばれる一日の記録と反省を記した文書を作成する。これは単に記録のためのものではなく，実習後に大学へ戻り，自分自身について振り返りをするのに必要だと思っておくとよい。大学によっては「教職実践演習」の時間に使用することもある。

　教材研究や学習指導案作成などの授業準備は，授業時間後に行うものと考えておいてよいだろう。もちろん，学校によっては日中の授業時間中に，職員室や教育実習生の控え室で自分の作業をするのを許されることもある。しかし基本的には，生徒がいる間は授業などで生徒の様子を見たり，コミュニケーションをとったりする時間だと思っておけば間違いない。

2.　2 人の教育実習生が意識したこと

　2 人の教育実習生は，これから教育実習を行う人たちに向けていくつかのアドバイスを書いてくれている。経験者は自分の教育実習を振り返って，どんなことを意識するとよいと考えているのだろうか。

　それは，周囲の人々と協力して教育実習を行うということである。例えば，理科で

表 8-2　普通高校・理科の実習事例

時間	実習生の活動	活動内容の説明
6:30	起床	
8:00	出勤	実習校から，8 時から 8 時 25 分の間に来るようにいわれていたため 8 時に出勤した。
	打ち合わせ	教科担当の教員とクラス担当の教員が別だったので，まずは職員室に向かいそれぞれの先生方と簡単な打ち合わせ。
8:20	担当クラスへ	一度担当クラスの教室へ。生徒の出欠の確認を簡単に行い，朝学習へ取り組むよう促す。
8:30	職員朝礼	再び職員室へ。職員朝礼があり，そこでの連絡事項をその後各クラスでの朝の ST で生徒に伝える。
8:50	実習授業	授業時間は 50 分で，授業間には 10 分の休憩時間がある。
9:50 10:50 11:50	授業観察 実習授業の反省 授業観察	実習授業や授業観察も 10 分の休憩の間に準備・移動をしなくてはならないため，常に先のことを考えて行動する必要がある。また，実習終了に近づくと，研究授業のために椅子を運ぶ手伝いなども実習生どうしで協力しながら休憩時間中に行った。
12:40	担当クラスで昼食	生徒とコミュニケーションをとるために担当クラスで食べる。実際に生徒と話す機会は昼休憩の時間がほとんど。ちょうど球技大会が近かったため，早めに昼食をとって，昼休みに外で球技大会に向けた練習を行う生徒もいた。教室にいた生徒の中には数学の課題に取り組んでいる生徒もおり，質問されることもしばしばあった。
13:20 14:20	授業観察 実習授業の準備・練習	授業観察や実習授業の入っていない授業時間は実習授業の準備や練習。パソコンの持ち込みは指導教諭に許可をいただければ可能であったため，授業の指導細案などの作成も行った。
15:10	清掃	その日の授業が終わり次第，生徒たちとともに担当クラスの教室の清掃。清掃後は帰りの ST。帰りの ST が終わり次第多くの生徒は各部活動に参加するため，教室に残っている生徒はほとんどいなかった。
15:30	実習授業の準備・練習 記録の記入	実習生の控え室にて日直日誌の教員コメント欄や実習記録，授業観察記録の記入をし，提出。
18:30	帰宅	実習校からは 17 時を目処に退勤するよういわれていたが，実際は了承を得て 18 時から 19 時くらいまで学校に残っていた。帰宅してからも実習授業の準備・練習。実習授業では毎回細案ではなく略案を作成。略案は，取り扱う内容が同じでも実習授業を行うクラスによって作り直しをした。実際の授業は 50 分であるので，50 分以内に収まるよう，また，大学ノートに教科書の内容をまとめながら，授業計画・板書計画を立てていった。
0:30	就寝	

表 8-3　工業高校での実習事例

時間	実習生の活動	活動内容の説明
7:40	出勤	朝礼までに 1 日の流れの確認・教材研究。また，朝の ST の際に話す内容を考える。
8:20	朝礼	出勤簿に押印。学級日誌に生徒に伝える連絡事項を書く。
8:40	ST	生徒に朝礼での連絡事項を伝え，最後に生徒に向けて自分で考えた話をする。
9:00	実習授業	生徒が予想外の反応をしても落ち着いて対応する。また，生徒と一緒に授業を楽しむことを意識すると楽しく授業ができる。
10:00	実習授業の反省会	指導教諭や参観してくださった先生，他の教育実習生からアドバイスをいただき，次の授業の参考にする。
11:00	授業観察	高校の先生の授業を観察。観察をする前にどの点に注目して見るか決めると観察しやすい。また，研究授業を行うクラスでは生徒の反応も観察しておくと，授業の流れが組み立てやすくなる。
11:50	昼食	担当クラスで昼食をとる。クラスの生徒とゆっくり話すことができるチャンスなので，生徒の視線を感じても，気にしないでクラスに行くとよい。
12:30 13:30	他の教育実習生の授業観察① 他の教育実習生の授業観察②	教育実習生の研究授業を観察。アドバイスできるようにメモをとりながら観察する。
14:30	LT	クラスの生徒の様子を観察。クラスの中で生徒が自主的にどう動くのかを見ることができた。
15:30	清掃	生徒と一緒に清掃。生徒と同じことができる貴重な時間。
15:45	ST	次の日の連絡事項や，資格取得のための講座について案内をする。
16:00	部活動指導	生徒と一緒に練習。一緒に練習することで，生徒とたくさん会話することができる。そこから，進路についての相談や部活での悩み，授業の悩みなどを聞くことができた。
18:00	教材研究・授業練習・日報の記入	研究授業の指導案やプリントを作成。何か分からないことがあった場合はすぐ先生に聞こう。 また，授業の練習はしっかり行ったほうがよい。授業の練習を行う際には，生徒の反応を予想して練習しよう。
22:00	帰宅	

ST（ショートタイム）＝ショートホームルーム，LT（ロングタイム）＝ロングホームルーム

教育実習を行った実習生は，自分が高校生だったときと学習指導要領が異なるため，そして文系クラスの指導だったために，いくら準備をしても不安を感じたという。さらに，できるだけ分かりやすく伝えようと考えれば考えるほど，どうやって指導すればよいか悩んだ，と自分自身の経験を振り返っている。多くの実習生が，数年前には自分が高校生であったはずなのに，実際に生徒に授業をすることに難しさを感じるはずである。だとすれば，中学校での教育実習はなおさらであろう。

　これを解決したのは，周囲との協力体制だったという。この教育実習生は，教科担当の指導教諭に相談したり，他の実習生どうしで話をしたりすることで解決することが多かったと述べている。そして，「悩んだときや困ったときは，どんなに小さなことでも1人で抱え込まずに周囲の人に話せるような関係を築いていくと，実習も充実したものになると感じた」とまとめている。また，工業高校で教育実習を行った実習生は，生徒とたくさん話すことはもちろん，「先生ともたくさん話しましょう」「何か分からないことがあった場合すぐ近くにいる先生に聞きましょう」と述べている。

　実に単純素朴なアドバイスに聞こえるかもしれない。だが，はじめての環境で，わずか数週間のうちに周囲との関係を築くことは容易ではない。関係を築くこと，もしくは築き方を学ぶことを含めて，教育実習中に意識してみてはどうだろうか。実習校の生徒とできるだけ多く関わることはもちろん，指導教諭やそれ以外の先生方とも積極的に話し，さらに直接実習には関わらない実習校の職員の方たちともあいさつを交わす。そして，互いに模擬授業をしたり，困ったことについて相談したりなど，他の教育実習生と協力して教育実習生活を送ってみてはどうだろうか。

3節　教育実習の目標を立てよう

　本章では，教育実習に行くにあたって知っておいてほしいことを述べるとともに，大学にいても準備できることを提案してきた。もちろん，実際に経験しなければ分からないこともたくさんあるし，同じ教育実習といってもそれぞれの環境には違いがある。それでも，最低限知っておくとよいこと，準備しておくとよいことが書かれていると思っていただければよいだろう。

　そして，その準備が終わったら，自分なりに教育実習の目標を立ててみよう。目標は1つでなくともよいし，目標の立て方もいろいろある。例えば，教育実習に不安を感じる人やあまり自信がないと感じている人は，まずは自分の今の到達点から目標を立ててみてはどうだろう。「私は授業の導入で生徒の関心を引きつけることには自信がある。これを実習校で実際に試してみて，さらにレベルアップしたい」「しかし，教師として生徒にどのように接したらよいか分からないし，不安もある。これを試行

錯誤しながら学んでいきたい」といったように。

　一方，これまでにボランティアやインターンシップなどで学校や子どもの様子をた
くさん見てきたという人も，まずは自分の到達点から目標を立てることは変わらない。
その上で，教育実習では子どもや教師，そして学校をさらに客観的に見ていくような
視点を意識してみよう。「このクラスの子どもと先生の関係はどうなっているのだろ
うか」「この学校の先生たちの関係はどんなふうになっているのだろうか」といった
ように，教師とはどういうものか，子どもとはどういうものかという視点に，さらに
それを客観的に見る第三者の視点を加えていくのである。そうすることによって，「な
ぜこういう授業になっているのか」「なぜ今，この生徒にこのような指導がされたのか」
など，目の前で起きるできごとをさらに深く理解することができるだろう。そして，
自分であればどんな授業方法をとるか，指導にあたってどんな言葉がけをするかを考
えていくことで，教育実習の経験はさらに深まっていくだろう。

Ⅲ. 教員への道

教員として必要な資質能力の形成とその制度化

　大学での入職前教育において完成された教員が養成されるのではなく，入職後の不断の研修を通して次第に完成された教員になっていくという教員の段階的成長観に基づく教師教育の考え方が謳われるようになって，すでに久しい。そして我が国では，1987年の教育職員養成審議会答申以降，数々の答申において「教員としての資質能力は，養成・採用・現職研修の各段階を通じて形成されていくものであり，その向上を図るための方策は，それぞれの段階を通じて総合的に講じられる必要」があると指摘されるようになった。このように，教員の資質能力は養成・採用・研修の各段階を通じて形成され，向上していくという見方には，教員が専門職として高度な資質能力を絶えず身に付けていけば，学校現場の様々な課題にも上手く対応しながら職務を円滑に遂行できるようになるという専門職的成長観が底流として存在していると考えられる。

　近年は，教員の段階的成長観に基づく資質能力形成を制度化する動きが活発化している。例えば，2000年以降の中央教育審議会答申（2006年）によれば，教員に対する揺るぎない信頼を確立するためには，「養成段階から，その後の教職生活までを一つの過程として捉え，その全体を通じて，教員として必要な資質能力を確実に保持する」ための施策が必要であると強調し，教員養成・免許制度の改革に向けて以下の方策が示された。

　まず，養成段階に関しては，教職課程の履修を通じて教員として最小限必要な資質能力を確実に身に付けさせるとともに，卒業年次の後期において身に付けた資質能力を明示的に確認するために「教職実践演習」の新設・必修化が提唱された。この科目では，講義・演習形式で授業が行われ，同答申で示された「教員として最小限必要な資質能力」である「①使命感や責任感，教育的愛情等に関する事項，②社会性や対人関係能力に関する事項，③幼児児童生徒理解や学級経営等に関する事項，④教科・保育内容等の指導力に関する事項」の各到達目標に照らして学生が身に付けた資質能力を確認し，評価することとなった。学生はこの科目を通して，将来教員になる上での自己の課題を自覚し，必要に応じて不足している知識や技能を補い，教職生活を円滑にスタートできるようになることが期待

されている。

　次に，教員免許状取得後も，社会状況や学校教育が抱える課題，子どもの変化に対応して，その時々で求められる教員として最小限必要な資質能力が保持されるように，定期的に必要な刷新（リニューアル）とその確認を行うことが必要であるという考えから，「教員免許更新制」の導入が提唱された。教員免許更新制では，教員免許状は 10 年を有効期限とし，最低 30 時間程度の免許更新講習を受講し，修了の認定を受けることによって教員免許状が更新される。免許更新講習では，「教職実践演習」で確認すべき「教員として最小限必要な資質能力」の4 つの事項の内容と，社会状況や学校教育が抱える課題，子どもの変化等に応じ，その時々で求められる教員として必要な資質能力に刷新する内容を含むこととされた。このように，養成段階だけでなく，教員免許状取得後も，教員免許状が教員として必要な資質能力を確実に保証するものとなるように制度化することによって，教員としての専門性の維持・向上と教員に対する信頼の確立が図られたのである。

これから求められる教員像と教員に求められる資質能力

　では，これからの教員には何が求められるのか。

　昨今，我が国の社会構造の大きな変動に伴い，学校を取り巻く状況や学校教育が抱える課題も複雑・多様化しており，学校や教員に対する期待が以前よりも高まっている一方で，期待に十分に応えられない学校や教員に対する保護者や地域の反応は厳しくなっているといわれている。そうした状況から，これからの教員には，「子どもに慕われ，保護者に敬われ，地域に信頼される存在」であることが求められている。そのため，教員には，これまで以上に探究心や学び続ける意欲をもち続け，自身の資質能力や専門性を高めていくことが必要である。

　これからの教員が，子ども，保護者，地域から尊敬され，信頼される存在になるためには，どのような資質能力を身に付ける必要があるのか。2015 年の中央教育審議会答申においては，以下の 3 点の資質能力が必要であると指摘されている。

　1 つめは，以前の答申から「優れた教師の条件」として示されてきたすべての教員に共通して求められる資質能力が不易のものとして教員に求められる。つまり，①教職に対する強い情熱，②教育の専門家としての確かな力量，③総合的な人間力の 3 領域の資質能力が必要であり，特に教員免許状取得時には「教員とし

て最小限必要な資質能力」を必ず身に付けておく必要がある。これらに加えて，これからの教員には，「学び続ける教員」になるために，時代の変化や自らのキャリアステージに応じて求められる資質能力を生涯にわたって高めていき，絶えず自己成長を遂げていく力が求められる。さらに，変化の激しい時代を生き抜いていく人材を育成するために，教員自身も情報を適切に収集し，選択し，活用する力や知識を有機的に結びつけて構造化する力を身に付ける必要がある。

　2つめは，いじめ，不登校，校内暴力などの生徒指導上の問題や貧困・児童虐待などの問題を抱えた家庭への対応，保護者や地域との協力関係の構築などといった従来から指摘されてきた学校教育の課題に対応できる力に加えて，学習指導要領改訂に伴って新たに対応が求められているカリキュラム・マネジメント，「主体的・対話的で深い学び（アクティブ・ラーニング）」の視点からの授業改善，学習評価の改善や，道徳教育の充実，小学校における外国語教育の早期化・教科化，ICTの活用，発達障害を含む特別な支援を必要とする児童生徒への対応，学校安全への対応等といった新たな学校教育の課題にも対応できる力を身に付ける必要がある。

　3つめは，「チームとしての学校」の理念のもと，教員は多様な専門性をもった人材（スクールカウンセラー，スクールソーシャルワーカー，部活動指導員，事務職員，学校司書，ICT支援員など）と効果的に連携・分担し，そうした専門スタッフ等とチームとして組織的・協働的に学校の諸課題の解決に取り組んでいける専門的な力を身に付ける必要がある。

「学び続ける教員」として必要なこと

　上述のこれからの教員に必要な資質能力に加えて，教員の養成段階から研修段階において必要とされる資質能力の向上を図るために，各都道府県や政令市の教育委員会が教員のキャリアステージに応じて身に付けるべき資質能力を教員育成指標として策定することが，教育公務員特例法の改正により定められた。今後は，策定された教員育成指標を踏まえて，各教育委員会や各大学において教員研修や教員養成が行われることとなる。ここで期待されていることは，「教員が日々の業務で様々な対応に追われる中においても自己研鑽に取り組み，学び続けるモチベーションを維持しつつスキルアップを」（中央教育審議会，2015）図っていくことである。

　このように，養成・採用・研修を通して教員が段階的に専門的成長を遂げてい

き，その時々で必要とされる資質能力を身に付けていけるように学びの機会や環境が制度として整備されてきている。それは，教員が高度専門職として子ども，保護者，地域から尊敬され，信頼される存在になるために，高い専門性に裏付けられた資質能力を不断に身に付けていく必要があるからである。しかし，教員として必要な資質能力は，養成段階であっても研修段階であっても，他律的に身に付けていくものではなく，教員自らが主体的，自律的に自己研鑽を積み重ねることによって身に付けることができるものである。それゆえ，教員が生涯にわたって学び続ける上で重要なことは，教員の学びの機会が制度化されても，それはあくまでも学ぶための手段であって，教員自身が自らの研修課題を自覚し，主体的，自律的に自己研鑽に取り組んでいくことが学びの本質であることを理解することである。そうした学びを積み重ねることが教員を高度専門職業人へと成長させるのである。

文　献

1章 ···

中央教育審議会　1971　今後における学校教育の総合的な拡充整備のための基本的施策について（答申）

深谷　潤　2007　生徒指導とは何か　加澤恒雄・広岡義之（編）　新しい生徒指導・進路指導　ミネルヴァ書房　pp.1–13.

深澤清治　2015　教科の教育は今どのような課題に直面しているか　日本教科教育学会（編）　今なぜ，教科教育なのか―教科の本質を踏まえた授業づくり―　文渓堂　pp.7–12.

角屋重樹・雲財　寛　2015　各教科はどのような点において共通しているか　日本教科教育学会（編）　今なぜ，教科教育なのか―教科の本質を踏まえた授業づくり―　文渓堂　pp.29–31.

野口芳宏　2009　教師の作法　指導　さくら社

寺川智祐　1986　教科教育の成立と本質，教科の構成と構造　広島大学教科教育学研究会（編）　教科教育学 1―原理と方法―　建帛社　pp.1–19.

寺﨑昌男　2001　はじめに　日本学術会議教科教育学研究連絡委員会（編）　新しい「学びの様式」と教科の役割　東洋館出版社　pp.1–6.

文部科学省　2010　生徒指導提要　http://www.mext.go.jp/a_menu/shotou/seitoshidou/1404008.htm

文部科学省　2015　教育課程企画特別部会　論点整理　https://www.mext.go.jp/component/b_menu/shingi/toushin/__icsFiles/afieldfile/2015/12/11/1361110.pdf（2019 年 12 月 26 日閲覧）

文部科学省　2018　高等学校学習指導要領（平成 30 年告示）　https://www.mext.go.jp/content/1384661_6_1_3.pdf（2019 年 12 月 26 日閲覧）

2章 ···

Gagné, R. M., Wager, W. W., Golas, K. C., & Keller, J. M.　2005　*Principles of instructional design* (5th ed.). Belmont, CA: Wadsworth/Thomson Learning.　鈴木克明・岩崎　信（監訳）　2007　インストラクショナルデザインの原理　北大路書房

樋口　健・三代祐子　2009　日本の大学における汎用的なスキル―能力育成の現状と課題―　http://www.benesse-i-career.co.jp/generic/pdf/japan_test.pdf（2019 年 12 月 24 日閲覧）

細谷俊夫　1987　教育方法第 3 版　岩波書店

稲井達也　2019　高校授業「学び」のつくり方―大学入学共通テストが求める「探究学力」の育成―　東洋館出版社

川田大介　2016　学習指導案

文部科学省　2015　教育課程企画特別部会　論点整理　補足資料（5）　https://www.mext.go.jp/component/b_menu/shingi/toushin/__icsFiles/afieldfile/2015/09/24/1361110_2_5.pdf（2019 年 12 月 24 日閲覧）

鈴木敏恵　2017　AI 時代の教育と評価―意志ある学びをかなえるプロジェクト学習　ポートフォリオ　対話コーチング―　教育出版

3 章 ‥‥

愛知県教育委員会　https://www.pref.aichi.jp/site/aichinokyoiku/（2020 年 4 月 22 日閲覧）
ベネッセ教育総合研究所　2017　第 6 回学習基本調査
中央教育審議会　2016　学びの成果として「どのような力が身に付いたか」に関する学習評価の在り方（答申）
堀　裕嗣　2015　よくわかる学校現場の教育原理―教師生活を生き抜く 10 講―　明治図書出版
前田昌寛　2011　「分かりやすい授業」を超え，「生徒がもっと学びやすくなる授業」へ　*Benesse VIEW21*, *12*, 28-29.
増田貴司　2007　「理科離れ」解消のために何が必要か―「世界一受けたい授業」だけでは，ものづくりの危機は救えない―　東レ経営研究所　経営センサー, *7・8*, 12-25.
文部科学省　2016　中央教育審議会初等中等教育分科会教育課程部会理科ワーキンググループ第 5 回配布資料
森本信也　2013　考える力が身につく対話的な理科授業　東洋館出版社
森本信也　2017　「深い学び」を実現する授業をいかにデザインするか　理科の教育, *66*(777), 5-8.
西川　純　2015a　子どもが夢中になる課題づくり入門　明治図書出版　pp.16-18.
西川　純　2015b　高校教師のためのアクティブ・ラーニング　東洋館出版社
小野田正利　2017　浮かれてていいのかアクティブ・ラーニング（下）　内外教育　1 月 27 日, 4-5.
関　孝喜　2016　新・よろず相談室　理科の教育, *65*(764), 60.
高野孝喜　2009　電流クイズ　日本理科教育学会第 59 回全国大会口頭発表
滝川洋二・吉村利明　2002　ガリレオ工房の身近な道具で大実験　第 3 集　大月書店　pp.94-97.
山路裕昭　2005　授業の構想　野上智行（編著）　理科教育学概論　大学教育出版　pp.138-143.
山本喜一　2014　化学が好きになる実験　理科の教育, *63*(738), 38-40.
山崎敬人　2017　理科教師の養成を担う教師教育者に求められること　理科の教育, *66*(777), 9-11.

4 章 ‥‥

国立教育政策研究所　2013　教育課程研究センター　特定の課題に関する調査（論理的な思考）https://www.nier.go.jp/kaihatsu/tokutei_ronri/index.html（2019 年 9 月 13 日閲覧）
国立教育政策研究所　2017　教育課程研究センター　全国学力・学習状況調査　https://www.nier.go.jp/kaihatsu/zenkokugakuryoku.html（2019 年 9 月 13 日閲覧）
文部科学省　2008　中学校学習指導要領解説；数学編　教育出版
文部科学省　2009　高等学校学習指導要領解説；数学編　理数編　実教出版
文部科学省　2016a　中央教育審議会初等中等教育分科会教育課程部会　次期学習指導要領等に向けたこれまでの審議のまとめについて（報告）　http://www.mext.go.jp/b_menu/shingi/chukyo/chukyo3/004/gaiyou/1377051.htm（2019 年 9 月 13 日閲覧）
文部科学省　2016b　中央教育審議会初等中等教育分科会教育課程部会算数・数学ワーキンググループ　算数・数学ワーキンググループにおける審議の取りまとめ　http://www.mext.go.jp/b_menu/shingi/chukyo/chukyo3/073/sonota/__icsFiles/afieldfile/2016/09/12/1376993.pdf（2019 年 9 月 13 日閲覧）

文部科学省　2018　中学校学習指導要領（平成 29 年告示）解説；数学編　日本文教出版

文部科学省　2019a　高等学校学習指導要領（平成 30 年告示）解説；数学編　理数編　学校図書

文部科学省　2019b　中央教育審議会初等中等教育分科会教育課程部会　児童生徒の学習評価の在り方について（報告）　http://www.mext.go.jp/component/b_menu/shingi/toushin/__icsFiles/afieldfile/2019/04/17/1415602_1_1_1.pdf（2019 年 9 月 13 日閲覧）

清水静海　2009　平成 20 年改訂中学校教育課程講座；数学　ぎょうせい

杉山吉茂　2009　中等科数学科教育学序説　東洋館出版社

統計関連学会連合理事会　2010　統計教育推進委員会　統計学分野の教育課程編成上の参照基準　http://www.jfssa.jp/ReferenceStandard.pdf（2019 年 9 月 13 日閲覧）

5 章

中央教育審議会　2016　教育課程部会「次期学習指導要領等に向けたこれまでの審議のまとめについて（報告）」

情報処理学会　2006　高等学校「情報」未履修問題とわが国の将来に対する影響および対策　https://www.ipsj.or.jp/12kyoiku/Highschool/credit.html（2020 年 3 月 31 日閲覧）

筧　捷彦・中山泰一　2018　情報入試のスゝメ，情報処理，59(7)，632–635.

文部科学省　2018　学習指導要領（平成 30 年度告示）解説；情報編

文部科学省　2019　高等学校情報科「情報Ⅰ」教員研修用教材（※文部科学省Web サイトにて公表。テキスト（教材本編）とワークシート，演習用のサンプルデータ及びサンプルコードが掲載されている）

中森眞理雄・竹田尚彦　2007　大学での情報入試　情報処理，48(11)，1213–1217.

中山泰一　2020　情報教育に「地域格差」　FACTA，2020 年 2 月号　https://facta.co.jp/article/202002012.html（2020 年 3 月 31 日閲覧）

中山泰一・中野由章・角田博保・久野　靖・鈴木　貢・和田　勉・萩谷昌己・筧　捷彦　2017　高等学校情報科における教科担任の現状　教育とコンピュータ，3(2)，41–51.

6 章

オーストラリア留学センター　資料　https://www.gcsgp.com/（2020 年 4 月 22 日閲覧）

中央教育審議会キャリア教育・職業教育特別部会　2010　今後の学校におけるキャリア教育・職業教育の在り方について（第二次審議経過報告）

池守　滋・佐藤弘幸・中村豊久　2006　新しい観点と実践に基づく工業科教育法の研究　実教出版

公立社団法人全国工業高等学校長協会　工業高校を取り巻く状況　https://zenkoukyo.or.jp（2020 年 4 月 22 日閲覧）

文部科学省　2011　我が国の大学・大学院の現状　https://www.mext.go.jp/b_menu/shingi/chousa/koutou/46/siryo/__icsFiles/afieldfile/2011/08/09/1309212_11_1.pdf（2019 年 12 月 24 日閲覧）

文部科学省　2018　高等学校学習指導要領（平成 30 年告示）（本文，解説，資料等）

坂野慎二　2004　ヨーロッパにおけるキャリア教育の動向　専門高校等における「日本版デュアルシステム」に関する調査研究協力者会議　専門高校等における「日本版デュアルシステム」の推進に向けて　43–45.

Y-History 教材工房　世界史ノート　世界史の窓　http://y-history.net/（2019 年 12 月 24 日閲覧）

7 章 ⋯⋯⋯⋯⋯⋯⋯⋯⋯⋯⋯⋯⋯⋯⋯⋯⋯⋯⋯⋯⋯⋯⋯⋯⋯⋯⋯⋯⋯⋯⋯⋯⋯

文部科学省　2018a　高等学校学習指導要領（平成 30 年告示）
文部科学省　2018b　高等学校学習指導要領（平成 30 年告示）解説；商業編
文部科学省産業教育振興室　2018　高等学校学習指導要領（職業に関する教科）の改訂とその趣
　　旨の実現について　産業と教育，*7*，2-3.
文部省　1981　初等中等教育局　体系高等学校商業教育事典　多賀出版
文部省　1986　戦前の商業教育　産業教育百年史　ぎょうせい　pp.85–100.
西村修一　2018　新高等学校学習指導要領商業科について①　産業と教育，*8*，20-22.
西村修一　2019　高等学校学習指導要領の改訂について　日本商業教育学会報，*30*，15.
全国商業高等学校長協会　2014　全商本部提案要約集—平成 16 年度〜平成 25 年度—

8 章 ⋯⋯⋯⋯⋯⋯⋯⋯⋯⋯⋯⋯⋯⋯⋯⋯⋯⋯⋯⋯⋯⋯⋯⋯⋯⋯⋯⋯⋯⋯⋯⋯⋯

愛知大学豊橋教職課程センター　2012　愛知大学教育実習事前指導資料
秋田喜代美・佐藤　学　2006　新しい時代の教職入門　有斐閣

索　引

執筆者一覧

東平彩亜	編者	1章
間瀬好康	愛知工業大学キャリアセンター	2章
長谷川省一	愛知工業大学基礎教育センター	3章
髙橋　聡	椙山女学園大学大学院教育学研究科	4章
鎌田敏之	愛知教育大学技術教育講座	5章
吉見和俊	中京大学工学部電気電子工学科	6章
杉本直記	愛知学泉大学現代マネジメント学部	7章
野田隆洋	名城大学	7章
加島大輔	愛知大学文学部	8章
梅鉢武史	ハレバレ発達支援学習センター	コラムⅠ
植阪友理	東京大学高大接続研究開発センター	コラムⅡ
別惣淳二	兵庫教育大学大学院学校教育研究科	コラムⅢ
川田大介	愛知県立愛知総合工科高等学校	2章2節執筆協力
成見千春	愛知工業大学卒業生	8章資料提供
鈴木結女	愛知工業大学卒業生	8章資料提供

【編者紹介】

東平彩亜（とうひら・さえあ）

2010年　名古屋大学環境学研究科社会環境学専攻博士後期課程単位取得満了
現　在　愛知工業大学基礎教育センター教職課程准教授（博士　心理学）

理工系学生のための教科教育法入門

2020 年 6 月 10 日　初版第 1 刷印刷
2020 年 6 月 20 日　初版第 1 刷発行

編　集　　　東 平 彩 亜

発行所　　　㈱北大路書房

〒 603-8303　京都市北区紫野十二坊町 12-8
　　　　　　電話　　（075）431-0361 ㈹
　　　　　　FAX　　（075）431-9393
　　　　　　振替　　01050-4-2083

印刷・製本／亜細亜印刷㈱

ISBN978-4-7628-3109-6　　　　　Printed in Japan